ここが知りたい！

Q&A

相続入門

弁護士

前川　清成 ［著］

発行 🈝民事法研究会

はしがき

　私は1990年に弁護士になりましたので、今年で弁護士31年目になります。弁護士を取り巻く環境は当時に比べて大きく変化しましたが、そのうちの1つは相続事件が増えたことです。それも、そのはずで今の日本は1年間に138万人もが亡くなる「多死社会」です（かたや生まれてくるのは86万人しかいません）。

　誰かが亡くなると、その家族が財産や負債を引き継ぐ（相続する）ことになります。したがって、家族がいれば、いずれ誰もが相続を経験します。しかし、その際、専門的な「知識」が必要な場合があります。たとえば借金を引き継がないための相続放棄は3カ月間というように期限があります。3カ月を過ぎてしまうと、相続放棄もできなくなってしまいます。あるいは自分の死後、残された家族が遺産をめぐって「争族」にならないよう遺言を残すとしても、その方式は民法が厳格に定めており、万一民法が定める方式に違反してしまったならば、せっかくの遺言も無効になってしまいます。

　そこで、相続が「争族」にならないように、本書では相続に関する基本的なルールを、できるだけわかりやすく、Ｑ＆Ａの形式で説明しています。本書が相続に関するトラブルの予防と解決に少しでもお役に立つことができればと願っています。

　もっとも、相続のルールを完全に理解することは法律を学んだ者であっても決して容易ではありませんので、必要に応じて弁護士に相談していただくくよう、お願いします。

　なお、本書の出版にあたって、畏友である馬場勝也弁護士と岡本智規司法書士には拙稿を丹念にご検討いただき、貴重なアドバイスを賜りました。また民事法研究会で現代消費者法編集長の大槻剛裕さんにも親切にご対応いただきました。そして、何よりも本書を出版することができたのは、この30年間に数多くの相続事件を私に依頼してくださり、経験と勉強の機会を与えて

くださった依頼者の皆様のお陰でもあります。

　この場をお借りして、お世話になった皆様へ衷心よりお礼申し上げます。

　2020（令和2）年10月

弁護士　前川　清成

第3章　相続の効果

第4章　特別受益

第5章　寄与分、特別の寄与

第7章　相続放棄

第8章　遺　言

第9章　配偶者居住権

第10章　遺留分

凡　例

・2018年改正相続法　　民法法及び家事事件手続法の一部を改正する法律
　　　　　　　　　　　　（平成30年法律第72号）施行後の民法
・2018年改正法　　　　民法法及び家事事件手続法の一部を改正する法律
　　　　　　　　　　　　（平成30年法律第72号）
・2017年改正民法　　　民法の一部を改正する法律（平成29年法律第44号）
　　　　　　　　　　　　施行後の民法
・2017年改正法　　　　民法の一部を改正する法律（平成29年法律第44号）
　　　　　　　　　　　　施行後の民法

第1章

総説（相続法）

Q1　相続はどのようなルールで行われるのですか？

　父が亡くなりました。遺族は、母と、私と、妹の 3 人です。

　私たち遺族は、父の残してくれた遺産を引き継ぐために何をしなければならないのでしょうか？

　遺言が残されていたならば、遺言に従って遺産を分けます。

　遺言がなければ、遺族が話し合って遺産を分けますが、話し合いがまとまらない場合は民法に従って遺産を分けます。

▎相続のルール──相続法 ▎

　人が亡くなると、その人の権利義務、すなわち亡くなった人が持っていた預貯金や不動産などのプラスの財産も、借金や保証債務などのマイナスの財産も、配偶者や子らが引き継ぐことになります。このような人の死亡による権利義務の承継を「相続」といいます。

　亡くなった人の財産を、遺族がどのように引き継ぐかに関しては、民法第 5 編、882条以下に定められています。民法のうち相続に関するルールは「相続法」とも呼ばれています。

　そして、民法は亡くなった人を「被相続人」、配偶者や子ら亡くなった人の権利義務を引き継ぐ人を「相続人」と呼んでいます。

〈図表〉相続によって引き継がれる「財産」

プラスの財産	・不動産（借地権も） ・現金、預貯金 ・金融資産（株式、投資信託、国債、社債など） ・債権（貸金など）、著作権、商標権、特許権など ・ゴルフ会員権、リゾート会員権など ・動産（貴金属、骨董、家財、貸金庫の中のもの） ・自動車　など ・その他金銭的に評価してプラスの財産
マイナスの財産	・借金、住宅ローン、自動車ローンなど ・保証債務 ・クレジットカード利用代金 ・未払い入院費、医療費 ・税金など ・その他金銭的に評価してマイナスの財産

遺言が優先

　被相続人が遺言を残したいた場合、民法が定める「分け方」よりも遺言が優先します。遺言に関しては第8章で詳しく説明します。

　ただし、遺言によっても奪うことができない法定相続人の「最低保障」があります。これを「遺留分」といいます。遺留分に関しては第10章で詳しく説明します。

言葉の整理　相続の基本用語

相続	人が死亡したことに伴う権利義務の承継
相続法	民法のうち相続に関するルール
被相続人	亡くなった人
相続人	亡くなった人から権利義務を引き継ぐ人

　ただ、実際、遺言を残す人はそれほど多くありません。したがって、多くのケースでは遺族が話し合って、誰が、何を、どれだけ相続するかを決めています。遺産を分けるための話し合いを「遺産分割協議」といいます。遺産分割協議に関しては第6章で詳しく説明します。

　遺産分割の際にルールになるのが民法です。誰が相続人になるかや、どの相続人はどれだけ相続するかなどを定めています。民法が定める相続人や、相続する割合などに従って相続することを「法定相続」といいます。遺言を残す人が少ないために、むしろ法定相続が原則のようになっています。法定相続に関しては第2章で詳しく説明します。

　相続人らの遺産分割協議がまとまらない（「争族」になってしまった）場合、最初は家庭裁判所で話し合います。これが「遺産分割調停」です。

　遺産分割調停がまとまらない場合は、裁判所に分け方を決めてもらうことになります。これを「審判」といいます。

〈図表〉相続の流れ

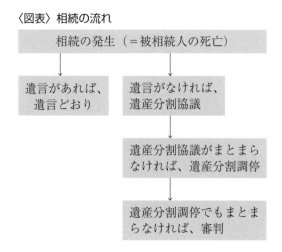

Q2　相続手続には期限がありますか？

母が亡くなりました。
いつまでに何をしなければなりませんか？

相続放棄するなら、3カ月以内です。

┃相続放棄は3カ月、相続税の申告・納税は10カ月┃

　近親者が亡くなると、親戚に知らせたり、通夜や葬儀の手配などでバタバタしますが、他方、7日以内に死亡診断書または死体検案書を添えて、市役所や区役所、町村役場（以下、「市役所等」といいます）へ「死亡届」を提出しなければなりません（戸籍法86条1項、2項）。届け出る先は被相続人の本籍地や、届け出る人の所在地の市役所等ですが（戸籍法25条1項）、被相続人が死亡した場所の市役所等へ届け出ることもできます（戸籍法88条1項）。

　その後、年金の受給停止や健康保険の資格喪失の届出も必要ですし、利用していたカード会社等への連絡や、携帯電話やその他の解約なども必要です。

　それと同時に、被相続人の財産を調査しなければなりません。もし借金が多くて「相続放棄」をするならば、自分が相続人になったことを知った時から3カ月以内にしなければなりません（民法915条1項）。相続放棄とは、家庭裁判所へ申し立てて、自分を相続人ではなくする手続です。相続放棄に関しては第7章で詳しく説明します。

　もし「自筆証書遺言」が見つかったら、遅滞なく家庭裁判所へ提出して、「検認」の手続を経なければなりません（民法1004条1項）。自筆証書遺言と

〈図表〉死亡後に必要な手続と期限

すぐにやるべきこと	・死亡届の提出（７日以内） ・年金、健康保険の届出 ・カード会社その他債権者への連絡 ・携帯電話やその他の解約 ・財産の調査（借金、保証債務も） ・遺言書の確認（自筆証書遺言なら検認も）
３カ月以内	・相続放棄 ・特別縁故者による相続財産の分与の請求
10カ月以内	相続税の申告、納税
１年以内	遺留分侵害額請求権の行使

は、被相続人が自ら手書きしていた遺言です。詳しくは第８章で説明します。検認とは、被相続人の死後、自筆証書遺言を保管していた者あるいは発見した者が、その自筆証書遺言を家庭裁判所へ提出して、検証してもらう手続です（民法1004条、1005条）。検認が終わると、裁判所書記官は検認済証明書を作成して、自筆証書遺言の末尾に綴じた後、自筆証書遺言を返却します。

また相続法の分野ではありませんが、被相続人のその年の所得に関する「準確定申告」は４カ月以内、相続税の申告が必要な場合の申告・納税は10カ月以内です。仮に相続人らの間で遺産分割協議が整っていなかったとしても、10カ月以内に申告・納税しなければなりません。後日、遺産分割協議が成立し、それに基づいて計算した税額と申告した税額が異なる場合は修正申告（税額が増える場合）または更正の請求（税額が減る場合）をします。

もしも被相続人の遺言によってあなたの遺留分が侵害されている場合に遺留分侵害額請求権の行使をするならば、被相続人が死亡し、贈与や遺言によって自分の遺留分が侵害されていることを知った時から１年以内です（民法1048条）。

「遺留分」に関しては第10章で詳しく説明します。

Q3　相続法の改正の概要とその背景は何ですか？

相続法が改正されたそうですが、どうしてですか？

A、少子化、高齢化に対応するためです。

相続法改正の概要

　2018年、相続法が大きく改正されました。相続法の大きな改正は1980年以来です。

　主な改正の内容は、次のとおりです。

　①　配偶者居住権の創設

　配偶者居住権というのは、ザックリ言うと、夫が亡くなった後も、妻が夫と暮らしていた自宅にずっと住み続けることができる権利です。第9章で詳しく説明しています。

　②　自筆証書遺言に関する改正

　自筆証書遺言は全文を自書しなければなりませんでしたが、自筆証書遺言と一体なものとして財産目録を添付する場合、その目録は自書ではなくも構わないことになりました（民法968条2項）。詳しくはQ34で説明しています。

　また自筆証書遺言に関して、法務局で保管する制度が創設されました（法務局における遺言書の保管等に関する法律）。

　　　※法律名においては「遺言」ではなく、「遺言書」

　③　遺産分割に関する改正

　遺産分割協議が成立する前でも、預貯金の一部の引き出しが可能になりました（民法909条の2）。詳しくはQ25で説明しています。

　④　遺留分に関する改正

　妻や子、直系尊属が相続人になる場合、遺留分という「最低保障」がありますが、この遺留分についておカネだけが請求できることになりました（民法1046条1項）。また、そのおカネの支払いについて待ってもらえることになりました（民法1047条5項）。詳しくはQ45、Q46で説明しています。

　⑤　特別受益に関する改正

　ザックリ言うと相続人のうちの誰かが「えこひいき」してもらっていたならば、相続時に、その分は清算されますが、結婚して20年以上経った夫婦の夫から妻へ、あるいは妻から夫へ自宅を贈与したり、遺贈したときは、清算しないものと推定されます。詳しくはQ15で説明しています。

　⑥　相続人以外の者を保護するための改正

　義父母を介護した子の妻など被相続人に対して無償で労務を提供した親族は、相続人に対して金銭の支払いを請求できる制度（特別の寄与）が創設されました（民法1050条）。詳しくはQ19、Q20で説明しています。

相続法改正の背景──少子高齢化

　今回、相続法（民法）が改正された理由は少子高齢化に対応するためです。前回の改正時（1980年）と現在の平均寿命、出生率を比べると下記のとおりです。

	1980年	2017年
〔長寿化〕 平均寿命	男　73歳 女　79歳	男　81歳 女　87歳
〔少子化〕 合計特殊出生率	1.75	1.43

　平均寿命が延びて、少子化が進行したならば、相続を取り巻く環境にどのような変化があるでしょうか。

　高齢化によって、相続が発生した時（＝被相続人が死亡した時）、一方ではすでに配偶者は高齢に達しており、他方子は経済的に独立しているケースが多くなりました。また少子化によって、相続人となる子の数も減って、相対的に子1人あたりの取得割合が増えています。よって、夫が死亡し、妻と子が相続するケースで考えると、妻の保護を図る必要性が増しています。

　1980年にも、①配偶者の法定相続分を3分の1から2分の1に引き上げたり、②寄与分（Q16からQ18で説明しています）を創設するなどの改正が行われました。

コラム　日本人の平均寿命

　日本人の平均寿命は、戦後一貫して延び続けています。

　1947年には男が50歳、女が54歳でした。つまり、70年ほど前までは文字どおり「人生50年」でしたが、1965年には男が68歳、女が73歳、1990年には男が76歳、女が82歳となり、そして2017年には男が81歳、女が87歳にまで延びています。今後ものび続け、2060年には男が84歳、女は91歳になると推計されています。

　「人生100年時代」も決して大げさではありません。

Q4 2018 年改正相続法が適用されるのはいつからですか？

　2018年改正後の相続法（民法）が適用されるのはいつからですか？

　改正後の相続法は、以下のように適用されます。

原則（下記の 3 つを除く）	2019年 7 月 1 日以降
自筆証書遺言の作成方法の緩和	2019年 1 月13日以降
配偶者居住権（※）	2020年 4 月 1 日以降
法務局での自筆証書遺言保管	2020年 7 月10日以降

▎原則、2019 年 7 月から適用▎

　2018年改正後の相続法（民法）は、①自筆証書遺言の作成方法の緩和と、②配偶者居住権、③法務局で自筆証書遺言を預かる制度を除いて、2019年 7 月 1 日から施行されました。したがって、2019年 6 月30日までに亡くなった方の相続に関しては、まだ遺産分割協議が成立していなかったとしても改正前の相続法が適用されます。2019年 7 月 1 日以降に亡くなった方の相続については改正後の相続法が適用されます（2018年改正法の附則 2 条）。

　自筆証書遺言作成方法の緩和については2019年 1 月13日から施行されています。自筆証書遺言は、本来、遺言者自身で全文を手書きしなければなりませんでしたが、この改正によって相続財産の目録に限っては遺言書を手書きせずにパソコンやコピーを使っても構わないことになりました（民法968条 2

項）。詳しくはＱ34で説明しています。

　第９章で説明する「配偶者居住権」に関しては2020年４月１日から施行されました。このため、Ｑ42で説明するように、配偶者に配偶者居住権を与えるために遺言が作成されることがありますが、配偶者居住権を与えるための遺言は2020年４月１日以降に作成できるようになりました（2018年改正法の附則10条２項）。

　また法務局で自筆証書遺言を預かる制度に関しては2020年７月10日から施行されています。

第2章

法定相続（法定相続人と法定相続分）

Q5　誰が相続人ですか？

　夫が亡くなりました。妻の私との間に子が2人います。また、夫の父母（義父母）も健在で、夫には妹もいます。

　夫の遺産を相続するのは誰でしょうか？

　義父母や、妹も相続人ですか？

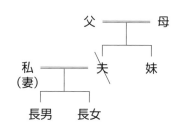

　配偶者は常に相続人となり、子、直系尊属（父母、祖父母）、兄弟姉妹については、第1順位で子、子がいない場合は直系尊属、子も直系尊属もいない場合は兄弟姉妹が、配偶者とともに相続人になります。

　したがって、相続人は、あなた（配偶者）と、長男、長女（子）です。

　子がいる場合、父母や兄弟姉妹は相続人になりません。

法定相続──実際はこちらが原則！？

　人が遺言を残さずに亡くなった場合、その人の財産を誰が、どのような割合で引き継ぐかは、民法に定められています（Q1で説明したとおり、民法のうち、相続に関するルールを「相続法」とも呼びます）。

　遺言がない場合に民法の定めによって相続人になる者を「法定相続人」、引き継ぐ割合を「法定相続分」といいます。Q1で説明したように遺言を残す人が少ないので、「法定相続」がむしろ原則のようになっています。

　法定相続

法定相続	遺言がない場合の民法に従った相続
法定相続人	民法が定めた権利義務を引き継ぐ人
法定相続分	民法が定めた権利義務を引き継ぐ割合

相続は、
① 遺言が優先
② 遺言がなければ、遺族（相続人）が話し合う＝遺産分割協議
③ 遺言がない場合にルールになるのが、相続法

配偶者が相続人になる場合

それでは、民法は誰を相続人と定めているのでしょうか。

まず民法890条は次のように定めています。

（民法890条）

被相続人の配偶者は、常に相続人となる。この場合において、第887条又は前条の規定により相続人となるべき者があるときは、その者と同順位とする。

配偶者とは、夫が亡くなった場合は妻、妻が亡くなった場合は夫のことです。民法887条、889条は次のように定めています。

（民法887条）

1項　被相続人の子は、相続人となる。

（民法889条）

1項　次に掲げる者は、第887条の規定により相続人となるべき者がない場合

には、次に掲げる順序の順位に従って相続人となる。

一　被相続人の直系尊属。ただし、親等の異なる者の間では、その近い者を先にする。

二　被相続人の兄弟姉妹

　もちろん、配偶者が相続人になるのは、被相続人の死亡時に配偶者が生存している場合です。被相続人より先に配偶者が亡くなっていたときは、Q7で説明するとおり、子、直系尊属、兄弟姉妹の順番で、子、直系尊属、兄弟姉妹のみが相続人になります。

　子や直系尊属、兄弟姉妹が相続人になる場合、配偶者はそれらと一緒に相続します。ただし、Q9で説明するとおり、その割合（法定相続分）は異なります。

　　ザックリ言うと、
　　　　法定相続人は、配偶者と、子
　　　　　　もし子がいなかったら、次に父母（直系尊属）
　　　　　　父母もいなければ、最後に兄弟姉妹

┃子が相続人になる場合┃

　民法は、配偶者とともに、子を第1順位の相続人と定めています（民法887条1項）。

　子には認知された非嫡出子（結婚していない男女の間に生まれた子。「婚外子」ともいいます。民法779条以下）や、養子（民法792条以下）も含みます。

　被相続人（父）が死亡した時、まだ母のお腹の中にいた子（胎児）も生きて生まれてきた場合は相続人になります（民法886条1項）。

Q6 子が親より先に亡くなっている場合、孫は相続人ですか？

夫が亡くなりました。子は長男と次男の２人でしたが、長男は夫より先に亡くなっています。長男には妻と子（夫の孫）がいます。遺言はありません。

夫の遺産を相続するのは誰でしょうか？

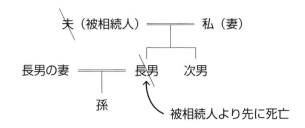

A相続人は、あなた（配偶者）と、次男（子）、孫（亡くなった長男の子）です。

長男の妻は相続人にはなりません。

┃代襲相続とは┃

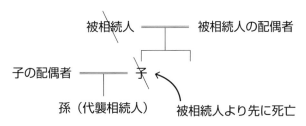

　被相続人より先に子が亡くなっていた場合について、民法887条 2 項が定めています。

> ⌜民法887条⌟
>
> 2 項　被相続人の子が、相続の開始以前に死亡したとき、〔中略〕その者の子がこれを代襲して相続人となる。〔以下略〕

　このように、民法は被相続人より先に子が亡くなった場合は子の子（孫）が相続人になると定めています。これを「代襲相続」といいます。

　たとえば、祖父が亡くなった時にすでに父（祖父の子）が亡くなっていたならば、父の子（祖父にとっては孫）が父に代わって祖父の相続人になります。というのも、長寿（長い年月）という意味ではなく、先の時代まで生きているという意味で、普通、子は親よりも長生きします。したがって、通常、親の遺産は子が相続し、その後、孫が相続します。たまたま子が親よりも先に亡くなったために、孫が親の遺産を相続できない不利益を考慮して、子が相続していたであろう遺産を孫が相続するしくみが代襲相続です。

　Q 7 のように兄弟姉妹が相続人になる場合がありますが、すでに兄弟姉妹が亡くなっていた場合、兄弟姉妹の子（おい、めい）が代襲相続人になります（民法889条 2 項）。

　廃除（被相続人の意思で相続人から除外してしまうこと。詳しくはQ37で説明します）や欠格事由（相続人から除外されてしまう事柄や行為。詳しくはQ40で説明します）によって相続人が相続できない場合も、その者の子が代襲相続人になります。

　なお、民法887条 2 項の文言によると、代襲相続人になるのは、子の子や、兄弟姉妹の子です。子や兄弟姉妹の配偶者は代襲相続人になりません。

　今回の相談の場合、孫（長男の子）は代襲相続人になりますが、長男の妻は代襲相続人ではありません。

ザックリ言うと、

　　被相続人（祖父母）より先に子（父母）が死亡している場合、子の子（孫）が相続人になる（代襲相続）。

　　兄弟姉妹が相続人になる場合に、すでに兄弟姉妹が死亡していた場合、兄弟姉妹の子（おい、めい）が相続人になる。

Q7 どのような場合に父母や兄弟姉妹が相続人になりますか？

兄が亡くなりました。
妹の私は兄の財産を相続するのでしょうか？

　兄弟姉妹は、子、直系尊属に続く、第3順位の相続人です。したがって、兄に子がいなくて、あなたのご両親も祖父母も曾祖父母も皆、亡くなっている場合、兄の妻とともに相続します。もっとも、相続分は妻が4分の3、兄弟姉妹は4分の1です。

父母らが相続人になる場合

　被相続人に子がおらず、代襲相続人も、胎児（Q5で説明したとおり胎児も相続人です）もいない場合、第2順位として直系尊属が相続人になります（民法889条1項1号）。

　複数世代の直系尊属が生存している場合、被相続人と「親等の近い者」が相続人になります（民法889条1項1号ただし書）。たとえば、被相続人の父母も、祖父母も生きている場合、被相続人の父母が相続人になって、祖父母は相続人になりません。

　直系というのは、父や母、祖父母のように直接親子関係でさかのぼっていく系統あるいは子、孫、ひ孫と直接親子関係で下っていく系統をいいます。これに対する言葉は「傍系」です。傍系とは、共通の始祖から分かれた者をいいます。したがって、子や孫からみて、父母、祖父母、曾祖父母は直系尊属ですが、おじ（伯父、叔父）、おば（伯母、叔母）は傍系尊属であって、直

〈図表〉相続の順位

```
        祖父 ━━━━━ 祖母    第2順位
              │
        ┌─────┴─────┐
        父母      おじ、おば
         │
   ┌─────┴─────┐
第3順位  兄弟姉妹  被相続人 ━━━━━ 配偶者  第1順位
                   │
              ┌────┴────┐
              子      子    第1順位
```

系尊属ではありません。したがって、おじ、おばは相続人になりません。

兄弟姉妹が相続人になる場合

　直系尊属が誰もいない場合、すなわち被相続人の父母も、祖父母、曾祖父母も皆、すでに亡くなっている場合、第3順位として、兄弟姉妹が相続人になります（民法889条1項2号）。この場合において、被相続人が亡くなった時、すでに兄弟姉妹は亡くなっていたものの、その兄弟姉妹の子がいる場合、兄弟姉妹の子が兄弟姉妹に代わって相続人になります（民法889条2項）。Q6で説明した「代襲相続」です。

相続人がいない場合──遺産は国へ

　被相続人に配偶者や子（第1順位の相続人）も、直系尊属（第2順位の相続人）も、兄弟姉妹（第3順位の相続人）もおらず、遺言も残されていなかった場合、被相続人の遺産は最終的には国のものになります（民法959条）。

Q8　内縁の妻も相続できますか？

　A男が亡くなりました。A男には妻B子と、その間の子E子がいましたが、A男とB子とは離婚していないものの、30年間、別居したままでした。

　A男と私（C子）は30年前に知り合って、同居し、事実上夫婦として暮らしてきました。A男と私の間には子のD男がいます。

　いわゆる「内縁の妻」である私もA男の遺産を相続できるのでしょうか？

A　いいえ、内縁の妻には相続権はありません。
　相続人は戸籍上の妻であるB子と、子のD男、E子です。

┃内縁（事実婚）とは ┃

　たとえば、結婚式も挙げて、共同生活を続けており、近所や親戚も夫婦と認めているものの、市役所等へ婚姻届を出していない男女は、法律では夫婦と認められません。夫婦共同生活の実体はあるものの、婚姻届を提出してい

ないために、法律上は結婚していると認められない関係を「内縁」あるいは「事実婚」といいます。

　法律上も結婚として認められるために、民法は次のとおり定めています。

（民法739条）
　1項　婚姻は、戸籍法の定めるところにより届け出ることによって、その効力を生ずる。

　したがって、法律上の結婚と認められるためには、結婚式を挙げていても、一緒に暮らしていてもダメです。逆に結納が済んでいなくても、結婚式を挙げていなくても、婚姻届を提出すれば、法律上、結婚したと認められます。これを「法律婚主義」といいます。

内縁の妻の相続権

　判例、通説は、内縁に関しても法律上の結婚に準じたものとして、法的に保護し、たとえば内縁関係を正当な理由なく解消した当事者に対して損害賠償を命じ（最高裁判決昭和33年4月11日）、また離別による内縁関係解消の場合には、離婚に準じて財産分与請求も認めています（最高裁決定平成12年3月10日）。また法律レベルでも、借地借家法36条1項は、居住用建物の賃借人が死亡し、相続人がいない場合、同居していた内縁の配偶者が賃借権を承継することを認めています。

　ところが、相続に関しては、判例、通説は、取引の安全のために戸籍だけから形式的、画一的に処理するべきだという理由で、一貫して内縁配偶者の相続権を否定しています（最高裁決定平成12年3月10日）。

　したがって、今回の相談の場合のようにA男とC子が事実上夫婦として、長い間共同生活を続け、A男の資産形成にC子が貢献してきたとしても、C子は相続人になれません。A男がC子の貢献に報いるためには生前に贈与しておくか、遺言を作成し、C子へ遺贈する必要があります。

　これに対して、Ｂ子は、Ａ男の配偶者として相続人になります。Ｄ男とＥ子は、Ａ男の子として相続人になります。Ｄ男は非嫡出子ですが、Ａ男が認知していたならば相続人になることは、Ｑ5で説明したとおりです。

　なお、Ａ男は、生前にＤ男を認知していなかったとしても、Ｑ37で説明するとおり、遺言で認知することが可能です。

▎特別縁故者に対する相続財産分与 ▎

　Ｑ7で説明したとおり、相続人がおらず、遺言も残されていなかった場合、被相続人の遺産は国のものになります。しかし、①被相続人と生計を同じくしていた者、②被相続人の療養看護に努めた者、③その他被相続人と特別の縁故があった者からの請求があった場合、家庭裁判所は、国に帰属する遺産の一部または全部をこれら特別縁故者へ分与することができます（民法958条の3第1項）。内縁の配偶者であれば、被相続人と生計を同じくしていた者に該当するでしょうし、多くの場合は被相続人の療養看護に努めた者にも該当します。よって、内縁の配偶者は、家庭裁判所に相続財産管理人の選任を請求し、家庭裁判所が選任した相続財産管理人が相続人を捜索したり、被相続人の債務を弁済した後、残余があれば、特別縁故者として財産の分与を受けることができますが、そのためには、通常、内縁の配偶者において家庭裁判所に相続財産管理人の選任も請求しなければなりませんし、相続人捜索の公告満了後3カ月以内に分与を請求しなければなりません（民法958条の3第2項）。

Q9 配偶者と子または兄弟姉妹の法定相続分は？

(1)　父が亡くなりました。残されたのは母と、兄、私、妹の４人です。

　　私たちは、どのような割合で父の遺産を相続することになりますか？

(2)　兄が亡くなりました。兄夫婦に子どもはいません。父母も祖父母もすでに他界しています。

　　相続人は誰で、どのような割合で兄の遺産を相続することになりますか？

(1)　母（被相続人の配偶者）が２分の１、３人の子は６分の１ずつ相続します。

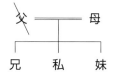

(2)　兄嫁（被相続人の配偶者）と、あなた（被相続人の兄弟姉妹）が相続人です。

　　兄嫁が４分の３、あなたが４分の１の割合で相続します。

父母、祖父母、曾父母らはすでに死亡

各相続人の「取り分」＝法定相続分

　Q５で説明したとおり、配偶者は常に相続人となり（民法890条）、子、直系尊属、兄弟姉妹は、配偶者とともに、第１順位で子、子がいない場合は直系尊属、子も直系尊属もいない場合は兄弟姉妹が相続人になります（民法

887条 1 項、889条 1 項）。

　しかし、その相続分、すなわち被相続人の権利義務を承継する割合は同じ
ではありません。直系尊属、兄弟姉妹と順位が下がるにつれて、配偶者の取
り分が多くなります。すなわち、民法は、法定相続分として、次のとおり定
めています。

民法900条

　同順位の相続人が数人あるときは、その相続分は、次の各号の定めるとこ
ろによる。
　一　子及び配偶者が相続人であるときは、子の相続分及び配偶者の相続分
　　は、各 2 分の 1 とする。
　二　配偶者及び直系尊属が相続人であるときは、配偶者の相続分は、 3 分
　　の 2 とし、直系尊属の相続分は、 3 分の 1 とする。
　三　配偶者及び兄弟姉妹が相続人であるときは、配偶者の相続分は、 4 分
　　の 3 とし、兄弟姉妹の相続分は、 4 分の 1 とする。
　四　子、直系尊属又は兄弟姉妹が数人あるときは、各自の相続分は、相等
　　しいものとする。〔以下略〕

---

(1)　配偶者と子が相続人となる場合

　配偶者と子は 2 分の 1 ずつの割合で相続します（民法900条 1 号）。

　子が複数いる場合、子の相続分の 2 分の 1 を子らで均等に分割します（民
法900条 4 号）。

　したがって、たとえば子が 2 人なら、子 1 人の法定相続分は 4 分の 1 です
（ 1 ／ 2 × 1 ／ 2 ＝ 1 ／ 4 ）。

　今回の相談(1)の場合は子が 3 人です。そうすると、子の相続分の 2 分の 1
を 3 人で均等に分けるので、子 1 人の法定相続分は 6 分の 1 です（ 1 ／ 2 ×
1 ／ 3 ＝ 1 ／ 6 ）。

(2) 配偶者と直系尊属が相続人となる場合

　この場合、配偶者が3分の2、直系尊属は3分の1の割合で相続します（民法900条2号）。

　(1)と同様に直系尊属が複数いる場合（たとえば、被相続人の父母も、祖父母も生存している場合）、Q7で説明したとおり、「親等の近い者」だけが相続人になります（民法889条1項1号ただし書）。被相続人の父母も、祖父母も生きている場合、被相続人の父母だけが相続人です。「親等」が同じ直系尊属が複数いる場合（被相続人の父も母も生存している場合）は、直系尊属の相続分である3分の1を直系尊属間で均等に相続します（民法900条4号）。

(3) 配偶者と兄弟姉妹が相続人となる場合

　配偶者が4分の3、兄弟姉妹は4分の1の割合で相続します（民法900条3号）。

　今回の相談(2)の場合は配偶者と妹が相続人です。したがって、配偶者が4分の3、妹は4分の1です。

　(1)、(2)と同様に兄弟姉妹が複数いる場合、兄弟姉妹の法定相続分である4分の1を均等に相続します（民法900条4号）。たとえば、配偶者と、兄、妹の3人が相続人の場合、兄と妹の相続分は、8分の1ずつです（1／4×1／2＝1／8）。

〈図表〉配偶者と子、直系尊属、兄弟姉妹との法定相続分

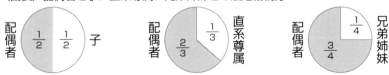

コラム　非嫡出子の法定相続分差別

　Q 5 で説明したとおり、法律上の結婚をしていない男女の間に生まれた子を非嫡出子といいます。

　かつて非嫡出子の法定相続分は、嫡出子の半分と定められていました（2013年改正前民法900条 4 号ただし書）。

　この差別については、法律上の結婚を尊重するためだと説明されていましたが、非嫡出子は自分の父母が結婚しているか、いないかを選んで生まれてきたわけではありません。非嫡出子が自らの意思や努力ではどうしようもないことを理由にして、法定相続分を嫡出子の半分にしてしまうことは憲法14条 1 項が禁止する「社会的身分」による差別そのものです。

　最高裁判所も、1995（平成 7 ）年 7 月 5 日の決定では憲法違反ではないと判示しましたが、2013（平成25）年 9 月 4 日、この判例を変更して、「遅くとも平成13年 7 月当時においては、嫡出子と嫡出でない子の法定相続分を区別する合理的な根拠は失われていた」と述べて、非嫡出子への相続差別を憲法違反だと判示しました。これを受けて国会は、2013年12月、民法900条 4 号ただし書を削除しました。

> **憲法14条**
>
> 1 項　すべて国民は、法の下に平等であつて、人種、信条、性別、社会的身分又は門地により、政治的、経済的又は社会的関係において、差別されない。

Q10 代襲相続人の法定相続分は？

A男が亡くなりました。A男には、妻B子と、子のC男、D子がいましたが、D子はA男より先に亡くなっています。D子には夫E男と、子のF男、G子がいます。

A男の遺産を相続するのは誰ですか？

また、各相続人の法定相続分はどうなりますか？

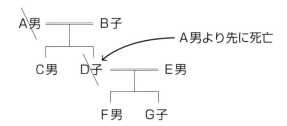

法定相続人は配偶者のB子と、子のC男、代襲相続人のF男、G子です。

Q6で説明したとおり、子の亡D子の配偶者であったE男は相続人ではありません。

そして、法定相続分は、配偶者であるB子が2分の1、子のC男は4分の1、代襲相続人のF男、G子は8分の1です。

代襲相続人の相続分

代襲相続の相続人の法定相続分は、被代襲者の相続分です（民法901条）。親が亡くなった際に、先に子が亡くなっていて、孫が相続する場合は、孫が

複数いたとしても、子が相続したであろう割合を複数の孫で分割することに
なります。

　今回の相談の場合は、子であるＣ男、Ｄ子の法定相続分は４分の１ずつで
す。

　Ｆ男とＧ子は、Ｄ子を代襲相続することで、Ｄ子の４分の１を２等分する
ので、法定相続分は８分の１ずつになります。

第３章

相続の効果

Q11　保証債務は相続しますか？

　父は生前、友人のＡから頼まれて、ＡがＢ銀行から1000万円の融資を受ける際、その連帯保証人になりました。
　父が亡くなりましたが、この父の連帯保証債務についても私たち相続人が引き継ぎますか？

　保証債務についても相続します。したがって、もしＡのＢ銀行への返済が滞ったならば、相続人がＡの代わりに返済しなければなりません。

保証債務は相続されるか？

　Ｑ１で説明したとおり、相続人は、被相続人が死亡する時に持っていた財産や権利（プラスの財産）、負担していた借金など義務（マイナスの財産）の一切を引き継ぎます（民法896条）。

> **民法896条**
> 　相続人は、相続開始の時から、被相続人の財産に属した一切の権利義務を承継する。ただし、被相続人の一身に専属したものは、この限りでない。

　誰か他人の債務を保証したら（保証契約）、他人がその債務を履行しない場合にその他人に代わって履行する（貸金債務なら支払う）責任を負います。これを「保証債務」といいます。保証債務についても相続します。したがって、今回の相談の場合、Ａがその返済を怠ったならば、Ｂ銀行は保証債

| 根保証契約 | 一定の範囲に属する不特定の債務を保証する契約。たとえば、継続的な取引がある仕入れ先からの買掛金や、金融機関との間で継続的に借入と返済をくり返す借主の債務の保証。 |
| 身元保証契約 | 従業員の使用者に対する損害賠償債務に関する保証。 |

言葉の整理　根保証契約、身元保証契約

務を相続した相続人らに履行を請求することができます。

　もっとも、保証にもさまざまなタイプがあり、①根保証契約と、②身元保証については相続しません（個人根保証契約に関して民法465条の4第1項3号、身元保証に関して大審院判決昭和18年9月10日）。これらの保証契約は、保証人と本人（主債務者）との個人的な信頼関係に基づくものであること、保証人の責任の範囲が不確定だからです。

　ただし、被相続人が死亡した時にすでに具体化していた債務、つまり被相続人が死亡した時点での買掛金額や借入残額、すでに発生していた従業員の使用者に対する賠償債務については相続します。

契約上の地位は相続されるか？

　被相続人が生前誰かと契約を結んでいた場合、相続人は、被相続人のその契約上の地位を相続します。

　たとえば、売買契約の売主は、①代金請求権を有するとともに、②売買の目的物を引き渡す義務を負っています（民法555条）。売買の目的物が不動産であれば所有権移転登記手続を行う義務も負っています（民法560条）。買主であれば、逆に①目的物（不動産であれば登記も）の引渡しを受ける権利を有するとともに、②代金を支払う義務を負っています。相続によって、被相続人のこれら売主あるいは買主の権利義務の一切を相続人は承継します。

　また、仮にその売買契約において被相続人が相手方（売主または買主）か

ら騙されていた場合、被相続人はその契約を取り消す権利を持っています（民法96条 1 項）。被相続人が売主で、買主が契約の定めどおり代金を支払わない場合、被相続人はその契約を解除する権利も持っています（民法540条以下）。これらの権利義務も相続人が承継します。

Q12 相続されない権利義務には何がありますか？

　私の父Aは画家で、Bの肖像画を描く契約をしていましたが、描く前に亡くなってしまいました。
　私や母はその義務を引き継ぐのでしょうか？
　私たちが絵を描けない場合、誰か別の画家を探してきて、その方に描いてもらう必要がありますか？

　いいえ、Bの肖像画を描く必要はありません。被相続人でなければできないような義務については相続しません。

一身専属の権利義務とは

　被相続人の権利義務とはいえ、被相続人の「一身に専属していたもの」については、相続人に引き継がれません（民法896条ただし書）。

　すなわち、今回の相談のようにAが画家で、Bとの間で、Bの肖像画を描く契約をしていた場合、BにとってもAに描いてもらうことに意味があるのであって、Aの配偶者や子に描いてもらっても仕方がありません。したがって、Aが負っていたBの肖像画を描く債務については相続されません。

　たとえば、C弁護士がD社から裁判の委任を受けていた場合、C弁護士は裁判を起こして遂行する義務を負っていますが、やはりD社にすればC弁護士に担当してもらいたいわけですから、C弁護士が死亡した時、その委任契約は終了します（民法653条1号）。

　他人の物をタダで使わせてもらう契約を「使用貸借」といいますが（民法

593条)、他人の物を使わせてもらったならば賃料を支払うのが当たり前で（おカネを支払って使わせてもらう契約は「賃貸借」といいます。民法601条)、タダで使わせてもらえるのは貸主、借主との特別な人間関係があるからです。そこで、使用貸借も借主が亡くなったならば終了します（民法597条3項)。

> 　ちなみに、建物を建てるために土地を借りたり、建物を借りたとしても、タダで借りている場合（使用貸借)、借地権や借家権は発生しません（借地借家法2条1号、26条以下)。

　第9章で説明する「配偶者居住権」に関しても、配偶者が死亡したら終了します（民法1041条は597条3項を準用しています)。

Q13 死亡退職金は誰が受け取るのですか？

夫が亡くなりました。私たち夫婦に子どもはいません。夫の父母は健在です。

夫が勤務していたＢ社から退職金として1000万円が支給されましたが、この退職金に関して夫の父母にももらう権利があるのでしょうか？

いいえ、Ｂ社の退職金規程に「死亡退職金は配偶者に支払う」と書いてあるのならば、あなただけに受け取る権利があります。

退職金、生命保険金は相続されるか？

　Ｑ７で説明したとおり、今回の相談のケースでは、法定相続人は妻と、夫の父母です（民法889条１項１号、890条）。Ｑ９で説明したとおり法定相続分は配偶者が３分の２、直系尊属は３分の１です（民法900条２号）。したがって、遺産（相続財産）であれば、妻が３分の２、父と母は６分の１ずつの割合で相続することになります。

　しかし、退職金は従業員（今回の相談では夫）が死亡した結果、法律（公務員の場合）やその勤務先の就業規則、退職金規程に基づいて、法律や就業規則、退職金規程に定められた受給者へ支払われるものであって、勤務先から死亡した従業員本人が受け取るものではありません。生前、夫が死亡退職金ないし死亡退職金請求権を持っていて、夫の死亡によって相続人が相続する

ものでもありません。それゆえに、最高裁判決も退職金について「死亡退職金の受給権は相続財産に属さない」と述べています（最高裁判決昭和55年11月27日、最高裁判決昭和62年 3 月 3 日）。

　生命保険金に関しても同様です。生命保険金が保険会社から保険金受取人に対して支払われるのは、保険会社と加入者（保険契約者）との間の生命保険契約に基づいています。生命保険金請求権についても、生前、被相続人が持っていて、被相続人の死亡によって相続人が相続するものではありません。したがって、生命保険金は遺産ではありません（最高裁判決昭和40年 2 月 2 日、最高裁判決昭和48年 6 月29日）。したがって、生命保険金は保険契約で定められた受取人が受け取る権利を有しています。

　以上のとおり、民法においては退職金や生命保険金は遺産ではありませんが、相続税の計算においては「みなし相続財産」として扱われますので、相続税の申告が必要な場合は税理士と相談してください。

▌香典、仏壇、墓、遺骨は相続されるか？▌

　葬儀の際の香典は、喪主あるいは遺族への慣習としての贈与です。したがって、遺産ではありません。

　仏壇や墓（民法は「系譜、祭具及び墳墓」と表現しています）に関しては、被相続人が「祭祀を主宰すべき者」を指定した場合はその者が、被相続人が指定しなかった場合は「慣習に従って祭祀を主宰すべき者」が承継します（民法897条 1 項）。被相続人による「祭祀を主宰すべき者」の指定とは、被相続人が「遺言者は、祖先の祭祀を主宰すべき者として、長男太郎を指定する」などと記載した遺言を作成していた場合です。

　遺骨に関しても、最高裁判決は「慣習に従って祭祀を主宰すべき者に帰属する」と述べています（最高裁判決平成元年 7 月18日）。要するに、仏壇や墓や遺骨は複数の相続人がいたとしても、分割して引き継ぐものではないということです。

第４章

特別受益

Q14 子のうち1人だけが親から生前贈与を受けていた場合の相続分は？

> 　父が亡くなりました。相続人は母と、私と弟の3人です。弟は3年前、勤めていた会社を辞めて、独立し、自分で商売を始めました。その際、父は弟に2000万円を援助しています。
> 　私と弟の相続分が同じ割合では不公平だと思いますが、いかがでしょうか？

　弟がもらった2000万分は特別受益として、弟の相続分から差し引かれます。

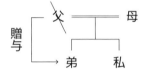

特別受益とは

　たとえば相続人に何人かの子がいて、そのうち1人の子だけが被相続人から生前贈与を受けている場合、その生前贈与を無視して、遺産を均等に相続することは公平とはいえません。そこで、相続人間の公平を保つために、相続人のうち、被相続人から遺贈や生前贈与を受けた者がいたならば、相続分を定めるに際してその遺贈や生前贈与（これらを「特別受益」といいます）が清算されます。すなわち、被相続人が死亡した際の相続財産に特別受益分（今回の相談においては弟がもらった2000万円）を加えた後、民法900条以下に従って相続分を算定し（たとえば、配偶者は2分の1など）、特別受益を受けた者に関してはそこから特別受益分を差し引いて実際の相続分を決定します（民法903条1項）。

> 民法903条
>
> 1項　共同相続人中に、被相続人から、遺贈を受け、又は婚姻若しくは養子縁組のため若しくは生計の資本として贈与を受けた者があるときは、被相続人が相続開始の時において有した財産の価額にその贈与の価額を加えたものを相続財産とみなし、第900条から第902条までの規定により算定した相続分の中からその遺贈又は贈与の価額を控除した残額をもってその者の相続分とする。

　このように遺贈や贈与を相続財産に加えて計算することを「持ち戻し」といいます。

　　ザックリ言うと、
　　　　相続人のうちの誰かが「えこひいき」してもらっていたならば（遺贈や生前贈与）、その分は、相続の時に清算されます（特別受益）。

▎持ち戻しの免除とは▎

　もっとも、被相続人が特別受益の清算について否定する意思（持ち戻しの免除）を表示した場合、清算（持ち戻し）は行われません（民法903条3項）。被相続人による持ち戻しの免除の意思表示は遺贈に関しては遺言に記載する必要がありますが、生前贈与に関しても遺言に記載して構いません。方式は特に限定されていませんので、遺言以外で示すことも可能です。

　持ち戻しの免除の意思表示によって他の相続人の遺留分を侵害した場合、他の相続人（特別受益を受けていない相続人）は遺留分侵害額請求権を行使することができます（2018年改正以前の相続法（民法）は、持ち戻しの免除の意思表示に関して「その意思表示は、遺留分に関する規定に違反しない範囲で、効力を有する」と定められていましたが、改正相続法はその限定を削除しました。し

かし、改正後も同様だと解釈されています）。

　なお、遺留分侵害額請求に関しては第10章で詳しく説明しています。

特別受益としてカウントされる範囲

　特別受益として清算されるのはすべての生前贈与ではありません。民法は「婚姻若しくは養子縁組のため若しくは生計の資本として」の「贈与」に限定しています。結婚の際の持参金や嫁入り道具、開業資金、自宅購入資金などです。従前、大学進学が一般的ではなかった時代においては高等教育を受けさせてもらったことも「生計の資本として」の「贈与」とされていました。

　これに対して、遺贈については限定はありません。

Q15 夫が自分名義の自宅を妻に贈与した場合の相続分は？

　私と妻は結婚して20年以上が過ぎています。私の死後も、妻が現在の自宅で暮らし続けることができるように、今のうちに自宅を妻に贈与しておこうと思います。

　この点に関して、相続法が改正されたと聞きましたが、どのような内容ですか？

　夫婦間で不動産が贈与された場合、①結婚期間が20年を超えていて、②贈与された不動産が居住用のものならば、被相続人において、その贈与は特別受益の清算を免除する意思を示したと推定されます。

結婚期間が20年を超える夫婦間の贈与（2018年改正のポイント）

　Q14で説明したとおり、被相続人が持ち戻し（清算）の免除意思表示した場合、特別受益の持ち戻しは行われませんが、2018年改正相続法（民法）は、①結婚期間が20年を超えた夫婦間において、②居住用不動産の遺贈や贈与があった場合（たとえば、結婚20年以上が経過した後、夫が自分名義の自宅を妻に贈与した場合）、持ち戻しの免除の意思表示があったと推定するとの条文が新設されました（民法903条4項）。したがって、その贈与は特別受益として清算されません。

税金（贈与税）に関しても、結婚期間が20年を超えた夫婦間において、居住用不動産を贈与する場合、110万円の基礎控除に加えて、一生のうちに１度だけ、翌年の３月15日までに贈与税の申告を済ませることを条件に2000万円の配偶者特別控除を受けることができます（相続税法21条の６）。

コラム 「推定」と「みなす」の違い

法律を適用する前提として、事実関係を確定しなければなりませんが、テレビドラマと違って過去の出来事をハッキリさせることは決して容易なことではありません。そこで、法律では、ハッキリしない場合に備えて、「推定」や「みなす」規定を置いています。

まず、「推定」ですが、法律で「推定」という言葉が使われている場合、何もなければその結論であるものの、何か異なる証拠が出てきた場合は結論が覆ることを意味しています。

たとえば、民法772条１項には、「妻が婚姻中に懐胎した子は、夫の子と推定する」と定められています。通常の場合、結婚している女性（妻）が妊娠した場合、その子の父親はその女性の配偶者（夫）です。しかし、妻が浮気して、夫の子ではなく、他の男性の子を妊娠する場合もあります。その場合、民法772条１項は「推定」と書かれていますので、たとえばＤＮＡ鑑定で夫が父親ではないと判明したならば、結婚期間中に妻が妊娠した子どもであったとしても、「夫の子」という結論は覆ります。

さて、この「推定」は特別受益でも登場します。

特別受益とは、ザックリいうと、被相続人からある相続人にだけ「えこひいき」があったとき、原則としてその「えこひいき分」を相続財産に戻したうえで相続分を算定しますが（Ｑ14で説明したとおり、これを「持ち戻し」といいます）、被相続人が「持ち戻し」をしなくても構わないとの意思を表していた場合、「持ち戻し」を行いません。

民法903条４項は、これを前提に、結婚期間が20年以上の夫婦間で居住用の建物やその敷地の遺贈あるいは贈与が行われた場合、被相続人は「持ち戻し」を「しなくても構わない」との意思を表していたと「推定」しています。「推定」ですので、もしも被相続人が「持ち戻しをするべきだ」という

意思を有していたことについて証拠を残していた場合、結婚期間が20年以上の夫婦間における居住用の建物やその敷地の遺贈あるいは贈与であったとしても、「特別受益」として「持ち戻し」を行うことになります。

　これに対して、「みなす（看做す）」という言葉は、反対の証拠が出てきたとしても結論が覆らないことを意味しています。

　民法3条1項には、「私権の享有は、出生に始まる」と書かれています。わかりやすくいうと、権利や義務の主体になるのは生まれた後からという意味です。したがって、この原則どおりであれば、母親のお腹の中にいる赤ちゃんはまだ権利・義務の主体になることができず、たとえば赤ちゃんがお腹の中にいる間に父親が死亡した場合、父親の遺産を相続する権利もありません。しかし、同じ子でありながら、すでに生まれていた兄や姉は父親の遺産を相続できるのに、少し後で生まれただけで何も相続できないというのでは不公平です。

　そこで、民法886条1項には、「胎児は、相続については、既に生まれたものとみなす」と定められています。その結果、母親のお腹の中にいる赤ちゃんもすでに生まれているものとして取り扱われ、父親の遺産を相続することが可能になります。「みなす」ですので、まだ生まれていなかったから、相続人になれないという扱いは許されません。

第5章

寄与分、特別の寄与

Q16 子のうち１人だけが家業に貢献した場合の相続分は？

　父が亡くなりましたが、父は生前、カバン屋を営んでおり、次男である私は高校卒業後、父のカバン屋で働いていました。

　父は晩年、寝込みがちで、母はすでに亡くなっていたので、専ら私と、私の妻の２人でカバン屋を切り盛りしながら、父を介護していました。

　兄（長男）は東京の大学を出た後、銀行員をしており、東京で暮らしていてカバン屋を一切手伝っていませんし、父の介護も私たち夫婦に任せきりでした。

　兄は父の遺産を平等に分けようと言っていますが、私のがんばりでカバン屋が繁盛したのに、私と、兄との相続分が同じでは不公平だと思います。

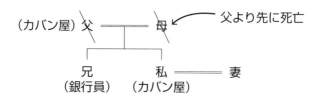

　家業への貢献や被相続人の介護は、法律上も「寄与分」として評価されて、貢献度合いに応じて、相続分が積み増しされます。

▌寄与分とは▌

　たとえば被相続人には何人かの子がいて、そのうち1人の子だけが被相続人の仕事（家業）を手伝い、その結果、被相続人の遺産が増えたにもかかわらず、遺産を均等に相続することは、公平とはいえません。そこで、相続人間の公平を保つために、相続人のうち、被相続人（今回の相談では父）の財産の維持、増加に関して特別の寄与をした者がいた場合には、その者の寄与に相当する、いわば報酬として寄与分を与えられ、その寄与分だけ相続分が積み増しされます（民法904条の2第1項）。

> **民法904条の2**
>
> 1項　共同相続人中に、被相続人の事業に関する労務の提供又は財産上の給付、被相続人の療養看護その他の方法により被相続人の財産の維持又は増加について特別の寄与をした者があるときは、被相続人が相続開始の時において有した財産の価額から共同相続人の協議で定めたその者の寄与分を控除したものを相続財産とみなし、第900条から第902条までの規定により算定した相続分に寄与分を加えた額をもってその者の相続分とする。

　すなわち、①相続人のうち誰かが、②被相続人の事業に関して労務を提供し、あるいは財産を給付し、または③被相続人を療養看護「その他の方法」によって、④被相続人の財産の維持または増加について「特別の」寄与をした者がいた場合、その寄与によって維持また増加した部分、すなわち寄与分は一旦、遺産から除外し、残りの遺産を法定相続分に従って分割した後に、寄与した者の相続分に寄与分が積み増しされます。1980年の改正で創設された制度です。

　　ザックリ言うと、
　　　　被相続人の財産形成、維持に特別の貢献をした相続人には、「ボーナス」

　がある（寄与分）。

寄与分が与えられる者

　寄与分が認められる者は、上記①のとおり相続人に限られます。

　寄与の方法は、上記②のとおり家業を手伝ったり、家業に資金援助した場合のほか、上記③のとおり被相続人を看病したり、介護する等して、被相続人の治療、介護費用の支出を減らしたという場合も含まれます。

　もっとも、家業に従事していたとしても、その労働に見合った報酬（「世間並み」の給与）を得ていた場合、「特別の」寄与があったとはいえませんので、寄与分が認められるのは困難です。

　また病気の被相続人を看病しただけでは、被相続人の財産の「維持又は増加」について寄与したとはいえないので、寄与分は認められません。寄与分が認められるのは、本来なら看護人を雇わなければならなかったのに、1人の相続人の看病のお陰で雇わずに済み、その分、相続財産が減らなかったというようなケースです。また夫婦は「互いに協力し扶助」する義務を負っていますので（民法752条）、妻が夫の看病をしただけでは寄与分は認められません。

寄与分はどのように決定するか

　家業を手伝ったり、病気の時に看病した結果、遺産がどれだけ増えたのか、あるいは維持できたのか、金銭的に算定することは簡単ではありません。寄与分をどのように算定するか、まずは相続人間で協議しますが、協議が整わない場合は家庭裁判所が算定します（民法904条の2第2項）。

Q17 寄与分がある場合、どのように遺産を分割したらよいですか？

　カバン屋を営んでいた父が死亡し、1000万円の遺産が残されました。父と一緒に仕事をしていた私の貢献を兄も認めてくれて、私の寄与分を200万円と算定することに合意しました。

　相続人は、兄と私の２人ですが、父の遺産1000万円をどのように分けたらよいのですか？

A　兄は400万円、私は600万円を相続します。

寄与分を踏まえた相続分の計算式

　家業を手伝ったり、病気の時に看病した結果、遺産がどれだけ増えたのか、あるいは維持できたのか、つまり寄与分については、まずは相続人間の協議で算定します。もし協議が整わない場合は家庭裁判所が決定することは（民法904条の２第２項）、Q16で説明したとおりです。

　寄与分が算定されると、①まず遺産から寄与分を控除し、②控除後の遺産額に各相続人の法定相続分（もし被相続人が遺言で相続分を指定していたときは、その指定相続分）を乗じて、本来の相続分を算定します（民法904条の２第１項）。寄与者以外の者は、この額を相続分として受け取ることになります。③寄与者に関しては、本来の相続分に寄与分を加えた額を相続分として受け取ることができます。

　今回の相談では、相談者の寄与分は相続人間の協議の結果、200万円と算

定されましたので、遺産1000万円から200万円を引きます。残りの800万円に
法定相続分を掛けると、兄と相談者は400万円ずつになります。そのうえ
で、相談者については寄与分の200万円を足します。

　　　寄与者の相続分 （今回の相談の場合は相談者）
　　　＝（全遺産－寄与分）×法定相続分＋寄与分
　　　＝（1000万円 –200万円）× 1 ／ 2 ＋200万円
　　　＝600万円

　　　寄与者以外の者の相続分 （今回の相談の場合は兄）
　　　＝（全遺産－寄与分）×法定相続分
　　　＝400万円

Q18 介護してくれた長男の妻に報いるためにはどうしたらよいですか？

　私は、現在、高齢のために寝たきりです。私の妻はすでに他界しており、同居する長男の妻が私を介護してくれています。私には子が３人いますが、長男は仕事が忙しく、長女、次男は遠方に暮らしており、何もしてくれません。

　そこで、私が死亡した後の相続では、ぜひ、長男の妻にも報いてあげたいと思いますが、どうすればよいでしょうか？

　長男の妻は相続人ではありません。したがって、寄与分は認められません。

　遺産の中から長男の妻に報いてあげたいのであれば、遺言を作成する必要があります。

（高齢で寝たきり）　　死亡
私を介護　　私 ━━━ 妻
長男の妻 ━━━━ 長男　長女　次男

┃ 寄与分が認められない者 ┃

　Q16でも説明したとおり寄与分は相続人にしか認められません。誰が相続人になるかはＱ５で説明していますが、配偶者は常に相続人です。配偶者と並んで第１順位の相続人は子です。

　子がいない場合は、父母や祖父母（直系尊属）が、父母や祖父母もいなかったら、兄弟姉妹が相続人です。したがって、Ｑ８で説明したとおり事実上夫婦として共同生活を送りながら婚姻届を提出していない、いわゆる「内

縁」の配偶者や、今回の相談のような長男の妻は法定相続人ではなく、「寄与分」も認められません。

遺言で遺贈する必要がある

　そこで、相談者が、法定相続人でない長男の妻に対して、相続に際して報いたいと考えるならば、遺言を作成して、その中で介護してくれた長男の妻に対して、たとえば「○○銀行××支店における、私名義の定期預金（口座番号1234567）のうち500万円を、長男太郎の妻、田中花子に遺贈する」というように遺贈する必要があります。

　遺言の作成方法に関しては第 8 章で説明していますが、自筆証書遺言ではなくて、公証役場へ行って、公正証書遺言を作ることをおすすめします。今回の相談では相談者は「高齢のために寝たきり」となっていますが、公証人に病室へ出張してもらうことも可能です。

Q19 義父の介護を続けた長男の妻は相続で何も主張できないのですか？

　義理の父が亡くなりました。義理の父は晩年、身体が不自由で、長い間寝たきりでしたが、義母が先に亡くなっており、同居している長男の妻である私が1人で介護していました。

　長男である夫は仕事が忙しく、義父のことは私に任せきりでした。義父には長女も、次男もいましたが、2人とも遠くに暮らしており、正月とお盆に見舞いに来る程度で、義父の介護は何もしていません。

　私は、義父の遺産が欲しくて介護していたわけではありませんが、義父の遺産を夫と、次男と、長女の3人だけで分けてしまうのは公平でないように思います。

　どうしようもないのでしょうか？

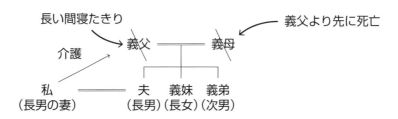

　相談者がおカネをもらわずに義父の介護を続け、その結果、義父の財産の減少を防ぐことができた場合、相続人らに対して、金銭の支払いを請求することができます。

特別の寄与（2018年改正のポイント）

　Q16で説明したとおり、寄与分が認められるのは法定相続人だけで、Q18のように長男の妻など法定相続人以外の者には認められません。したがって、法定相続人以外の者が被相続人を介護するなど被相続人の財産の維持、増加に貢献したとしても相続では何ら配慮されず、それでは不公平ではないかと指摘されていました。

　もちろん、Q18で説明したように被相続人が遺贈する旨の遺言を作成すれば、法定相続人以外の者の貢献に報いることができますが、被相続人の生前に遺言の作成を法定相続人以外の者（今回の相談では長男の妻）から被相続人（今回の相談では義父）に依頼することは心情的にも、人間関係的にも困難な場合が多いと思います。

　そこで、2018年改正相続法（民法）は「特別の寄与」という新しい制度を創設し、「被相続人に対して無償で療養看護その他の労務の提供」をして、その結果、「被相続人の財産の維持又は増加について特別の寄与をした被相続人の親族」は、被相続人死後、相続人に対して、「寄与に応じた額の金銭の支払を請求する」ことができるようになりました（民法1050条以下）。

　ここにいう「特別の寄与をした被相続人の親族」（今回の相談では長男の妻）を「特別寄与者」、「寄与に応じた額の金銭」を「特別寄与料」、この制度を「特別の寄与」といいます。

特別の寄与が認められる場合

　特別の寄与が認められるためには、
　①被相続人の親族が、
　②被相続人に対して無償で労務の提供し、
　③被相続人の財産の維持、増加について、特別の寄与をした場合
　であることが必要です（民法1050条１項）。

民法1050条

1項　被相続人に対して無償で療養看護その他の労務の提供をしたことにより被相続人の財産の維持又は増加について特別の寄与をした被相続人の親族（相続人、相続の放棄をした者及び第891条の規定に該当し又は廃除によってその相続権を失った者を除く。以下この条において「特別寄与者」という。）は、相続開始後、相続人に対し、特別寄与者の寄与に応じた額の金銭（以下この条において「特別寄与料」という。）の支払を請求することができる。

　そうすると、①のとおり「被相続人の親族」であることが必要ですから、内縁の妻のように親族以外の者が無償で労務を提供しても特別の寄与は認められません。

　また、②のとおり介護その他の「労務の提供」が「無償」で行われたことが必要です。

　Q16で説明したとおり、寄与分に関しては「労務の提供」に限らず、「財産上の給付」があった場合も認めていますが（民法904条の2第1項）、特別の寄与に関しては「労務の提供」に限定されています。事業資金の提供等財産上の給付に関しては、通常、給付時において返還の要否や時期に関して約束するはずであり、その約束に従って処理されれば足りると解されるからです。

　また「無償」の場合に限られます。なぜならば、対価や報酬が支払われていた場合は、すでにその「労務の提供」に対する金銭的な清算は終了していると解されるからです。したがって、労務の提供に対する対価、報酬と評価されるためには、労務の内容、程度に応じた金銭その他の支払いでなければなりません。労務の提供者が被相続人からわずかな「おこづかい」を受け取っていたにすぎない場合には、なお「無償」といえるでしょう。

　最後に、③のとおり「特別の寄与」が必要です。民法730条も「直系血族

及び同居の親族は、互いに扶け合わなければならない」と定めています。この条文を待つまでもなく、長男の妻が義父をほったらかしにすることは道徳的にも許されることではありません。

　金銭の支払請求権（特別寄与料）が発生するためには、労務の提供が被相続人との身分関係に基づいて通常期待される程度の貢献を超える必要があります。そのことを「特別の寄与」という言葉で表現しています。

Q20 特別寄与料について、どのような割合で分担するのですか？

　父が亡くなりました。父は晩年、身体が不自由でしたが、母はすでに亡くなっているので、同居している兄嫁（長男の妻）が父を介護してくれていました。私は遠く離れて暮らしていますので、兄嫁に任せきりでした。

　兄嫁から私や兄、弟に対して特別寄与料の請求がありましたが、私は兄嫁に感謝しており、しかるべきものを支払うのは当然だと思います。

　ただ、私たち兄弟はどのような割合で特別寄与料を分担すればよいのでしょうか？

　　父が遺言を残していなかったら、長男、長女、次男は3分の1ずつ特別寄与料を支払います。

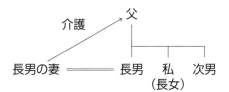

「特別の寄与」があったとしても、遺産分割の当事者にはならない

　被相続人の親族に特別の寄与があった場合、相続人に対して、寄与の程度に応じた特別寄与料の支払いを請求することができます（民法1050条1項）。言い換えると、特別寄与者も、相続人に対して、特別寄与料を請求することができるにすぎず、遺産分割協議の当事者になるわけではありません。Q19、そして今回の相談においても、遺産分割協議は長男、長女、次男だけで済ますことができます。長男の妻が遺産分割協議に参加することはありませ

ん。

特別寄与料の決定——相続人間で折り合いがつかない場合は家庭裁判所へ申立て

　Q19、また今回の相談においても、長男の妻が特別寄与料を請求したところ、長女や次男とその額に関して折り合いがつかないこともあります。このように特別寄与料の金額等に関して、特別寄与者と相続人との間で合意が成立しない場合、特別寄与者は、家庭裁判所に対して特別寄与料を定めるよう申し立てることができます（民法1050条2項）。

　ただし、特別寄与者が、①被相続人の死亡と誰が相続人かを知った時から6カ月、あるいは②誰が相続人か知らなくても、被相続人の死亡を知った時から1年が過ぎたならば、家庭裁判所へ申し立てることができなくなります（民法1050条2項ただし書）。相続人間の遺産分割を含め、相続に関して早期に解決するためには、特別寄与者が権利を行使するか否かを、速やかに明らかにする必要があるからです。

　ところで、長男の妻は、どこの家庭裁判所に申し立てればよいのでしょうか。

　裁判所にも「守備範囲」、「担当エリア」があります。これを「管轄」といいます。特別寄与料に関しても、特別寄与者であれば、どこでも自分の都合のよい家庭裁判所に申し立てれば受け付けてくれるわけではありません。特別の寄与に関しては、相続開始地すなわち被相続人の住所を担当エリアとする家庭裁判所（若干不正確な場合もありますが、被相続人の住所に近い家庭裁判所）に申し立てる必要があります（家事事件手続法216条の2、民法883条）。

特別寄与料の負担割合

　長男の妻に支払うべき特別寄与料が特別寄与者と相続人（Q19では長男の妻と、長男、長女、次男）との話し合いで決まったとき、あるいは家庭裁判所が決定したとき、相続人らはどのような割合で特別寄与料を支払えばよいのでしょうか。

　この点、2018年改正相続法（民法）は、被相続人が遺言で相続人の相続分を指定していたならばその割合で、相続分の指定がなければ法定相続分に応じて、特別寄与料の支払い義務を負担すると定めています（民法1050条5項）。

　すなわち、各相続人の相続分については、被相続人自らが遺言で決めておくこともできますし、あるいは遺言で誰か第三者に決めてもらうよう書き残すことができます（民法902条1項）。したがって、遺言によって相続分が決まれば、あるいは遺言による指名に基づいて第三者が決めたならば、長男、長女、次男の特別寄与料の支払義務もその相続分どおりです。これに対して、遺言がない場合は、民法の法定相続分に従い（民法900条4号）、長男、長女、次男は3分の1ずつ支払う義務を負います。

第6章

遺産分割

Q21　遺産分割とは何ですか？　どのようなことができるのですか？

　父A男が亡くなり、相続人である母（B子）と、兄（C男）、妹である私（D子）の3人が話し合った結果、母は自宅を相続し、兄は預貯金を相続する代わりに父が残した甲銀行や乙病院の借金も支払い、私は何も相続しない代わりに父の借金も引き継がないと合意しました。

(1)　自宅を母名義に登記したり、兄が銀行から預金を引き出したりするために何をしなければなりませんか？

(2)　債権者の甲銀行や乙病院は、私たち3人で合意したとおり、兄に対してだけ請求し、私や母には請求しないのでしょうか？

A

(1)　遺産分割協議が調ったならば、「遺産分割協議書」を作成して相続人全員が署名、捺印する必要があります。

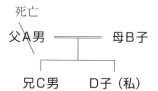

(2)　債務の分割に関しては、相続人間では有効ですが、債権者まで拘束しません。したがって、債権者は、法定相続分に応じて、あなたや母にも請求することができます。

遺産分割とは

　今回の相談のように相続人が複数いる場合を「共同相続」といいます。
　共同相続であれば、各相続人が遺産のうち、たとえば自宅は配偶者が相続

し、預貯金は長男が相続する、といった具合に、誰が、何を、どれだけ引き継ぐのか（自分のものにするのか）を決めて、遺産を分ける必要があります。これを「遺産分割」といいます。

　遺産分割前の遺産は相続人らの「共有」です（民法898条）。「共有」とは、複数の者が共同で所有していることです。「共有」の意味に関しては論争がありますが、本書では立ち入りません。

　なお、各相続人には持分がありますので、遺産のうち不動産に関しては、各共同相続人は、遺産分割前であっても、単独で（他の共同相続人の了解を得ずに）法定相続分どおりの共有登記を申請することができます。

　預貯金に関しては、従前の最高裁判例は、被相続人の死亡によって共同相続人の法定相続分どおりに分割されるから、遺産分割の対象にならないし、共同相続人は各自単独で払戻しを受けることができるとしていましたが（最高裁判決昭和29年4月8日）、2016（平成28）年12月、この判例を変更し、預貯金は被相続人の死亡によって当然に法定相続分に応じて分割されることはなく、遺産分割の対象になると判断しました（最高裁決定平成28年12月19日）。2018年改正相続法（民法）は、この判例変更を受けて、Q25で説明するような遺産分割前の預金払戻し制度を創設しました（民法909条の2）。

遺産分割の流れ

　Q1でも説明しましたが、遺産分割は、まず最初に、被相続人が遺言を残しており、そこでどの遺産を誰が引き継ぐかが決めてあれば、その遺言の内容に従うことになります（民法908条）。これを「指定分割」といいます。したがって、この場合は遺産を分けるために相続人が話し合う必要はありません。

民法908条

　被相続人は、遺言で、遺産の分割の方法を定め、若しくはこれを定めることを第三者に委託し、又は相続開始の時から5年を超えない期間を定め

　　て、遺産の分割を禁ずることができる。

　次に、遺言で遺産の分け方を決めていない場合は、共同相続人が話し合って決めます。これを「協議分割」といいます。民法は、被相続人が遺言で指定した場合や、遺言で5年を超えない期間を定めて禁止した場合を除いて、相続人らはいつでも協議で遺産を分けることができると定めています（民法907条1項）。

　なお、遺言では各相続人の相続分を決めておくこともできます（民法902条1項）。たとえば、配偶者の相続分は何分の1、子の相続分は何分の1という具合です。これを「指定相続分」といいます。この場合は各相続人が相続する割合しか決まっていませんので、遺言に書かれた割合を前提にして、相続人が話し合う必要があります。

　最後に、遺言もなく、遺産分割に関する協議がまとまらない、あるいは協議できない場合、相続人の申立てによって家庭裁判所が分割します（民法907条2項）。これについてはQ23で説明します。

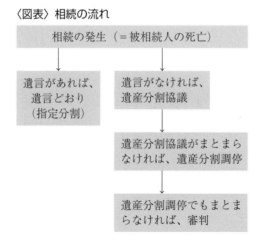

〈図表〉相続の流れ

相続の発生（＝被相続人の死亡）

遺言があれば、遺言どおり（指定分割）

遺言がなければ、遺産分割協議

遺産分割協議がまとまらなければ、遺産分割調停

遺産分割調停でもまとまらなければ、審判

遺産分割の方法

(1) 現物分割

　各相続人が遺産を引き継ぐ方法としては、後掲の〔書式例〕のように、自宅をＢ子、預貯金をＣ男と、個々の遺産をそのまま各相続人が引き継ぐ場合が最も多いと思います。このケースを「現物分割」といいます。

(2) 代償分割

　たとえば、下記のように、遺産は5000万円の自宅、預金は1000万円、相続人は配偶者と子が２人というケースで、配偶者が自宅を取得すると、配偶者の法定相続分である3000万円を超えてしまいます。

○　遺　産：自宅（5000万円）、預金（1000万円）
○　相続人：配偶者（妻）　法定相続分１／２
　　　　　　子（長男）　　法定相続分１／４
　　　　　　子（長女）　　法定相続分１／４

　そこで、法定相続分を超える遺産を取得する相続人が、その代わりに、他の相続人に対して法定相続分を超える価格（差額）を支払うケースがあります。この場合に他の相続人に支払うおカネを「代償金」といい、このような分割方法を「代償分割」といいます。
　このケースでは、配偶者が5000万円の自宅を取得する代わりに、法定相続分を超える2000万円の代償金を支払えば、子２人は預貯金とあわせて1500万円ずつ、法定相続分どおり相続することになります。

(3) 換価分割

　たとえば不動産や株式を売却して、現金に換えた後に分割する方法を「換価分割」といいます。

　2019年に、私が奈良家庭裁判所葛城支部で解決した遺産分割調停ですが、遺産に預金と投資信託がありました。そこで、私が預金を解約し、投資信託を売却して、その合計額を法定相続分どおりに分けて、私から依頼者にも、相手方にも送金するという調停調書をつくり、実行しました。これも「換価分割」です。

　これらのほか共同相続人の共有のままにしておく場合もあります。

遺産分割協議が成立したとき

　遺産分割に関する話し合いで相続人全員が合意したとき、「遺産分割協議書」を作成して、相続人全員が署名し、捺印します。この遺産分割協議書があれば、不動産の登記も変更できますし、預貯金を解約し、出金することもできます。ただし、相続人間では合意が成立したとしても、不動産の登記名義を変更するためには法務局へ登記申請が必要です。銀行預金を解約するためにも銀行との交渉が必要です。相続税の問題もあります。したがって、遺産分割協議書の作成にあたっては弁護士に相談することをおすすめします。

〔書式例〕　遺産分割協議書

遺産分割協議書

　令和○年○月○日に死亡した末尾記載の故Ａ男（以下、被相続人という）の遺産に関して、相続人全員の協議の結果、次の通り遺産を分割し、各相続人が以下の通り取得することに決定した。

記

1　配偶者Ｂ子は次の遺産を相続する。
　①　所　　　在　　○○市○○町
　　　地　　　番　　330番
　　　地　　　目　　宅地
　　　地　　　積　　320.66平方メートル
　②　所　　　在　　○○市○○町330番地
　　　家屋番号　　　３番
　　　種　　　類　　居宅

　　　　　　　　構　　　造　木造瓦葺２階建
　　　　　　　　床 面 積　250.55平方メートル
２　長男Ｃ男は次の遺産を相続する。
　(1)　預貯金
　　①　甲銀行　梅田支店
　　　　定期預金　300万円
　　②　乙銀行　淀屋橋支店
　　　　普通預金　12万3500円
　(2)　被相続人の下記債務
　　①　甲銀行梅田支店における住宅ローン
　　　　残額　300万円
　　②　乙病院における医療費　10万円
　　③　申告所得税　４万6000円
３　長女Ｄ子は何らの遺産も取得しない。
４　山田家の祭祀は長男Ｃ男が承継する。
５　本協議書に記載された以外の財産または債務が発見された場合、長男Ｃ男がこ
　れを相続し、取得する。

　以上の通り遺産分割協議が設立したので、相続人全員が自筆で署名し、実印にて捺
印した本協議書３通を作成し、各自１通を所持する。
　　　　　令和○年６月８日

　　　　　　　　○○市○○町１丁目２番３号
　　　　　　　　　Ｂ子　　㊞

　　　　　　　　○○市○○町１丁目２番３号
　　　　　　　　　Ｃ男　　㊞

　　　　　　　　○○市○○町３丁目２番13号
　　　　　　　　　Ｄ子　　㊞

　　　　　　　　　　被相続人の表示

氏　　　名　　Ａ男
最後の住所　　○○市○○町１丁目２番３号
生 年 月 日　　昭和○年○月○日
死 亡 日　　令和○年○月○日

遺産分割協議の後で遺産や借金が見つかった場合

　遺産分割協議の時にはわからなかった遺産や借金が後日見つかることがあ

ります。その場合は、もう一度、遺産分割協議をやり直す必要があります。

　ただし、〔書式例〕は、第５条において「本協議書に記載された以外の財産または債務が発見された場合、長男Ｃ男がこれを相続、取得する」と記載していますので、もしも何かが見つかったとしても、借金を含めてＣ男が相続することになります。何が出てくるかわからないのにＣ男のものと定められない場合は、「相続人間においてその分割につき別途協議する」と記載しておけばよいでしょう。

　また〔書式例〕は第３条において「長女Ｄ子は何らの遺産も取得しない」と定めていますが、これだけでは借金も承継しない、法律上の「相続放棄」には該当しないことについて、Ｑ26で説明します。

債務に関する遺産分割協議の効力

(1)　金銭債務の相続は対外的問題と内部的問題を区別する

　借金やローンなど被相続人が負担していた金銭債務に関しても、通常は遺産分割協議で誰が負担して、支払うかを定めます。〔書式例〕では第２条においてＣ男が甲銀行の住宅ローンや、乙病院の医療費などを支払うと定めています。

　しかし、金銭債務の相続に関しては、①債権者が、誰に、いくら請求できるかという問題（対外的）と、②相続人間でどう分割するかという問題（内部的）とを区別する必要があります。

(2)　対外的問題

　まず、対外的に相続人と債権者との間で問題になる関係では、被相続人が負担していた債務は、被相続人の死亡によって、法定相続分に応じて、法定相続人が分割して承継し、たとえ遺産分割協議によって異なる負担割合を定めたとしても、債権者は遺産分割協議の決定に拘束されません。なぜなら、債権者が関与することなく、遺産分割協議が行われたからです。したがって、Ｃ男が遺産分割協議書のとおり返済しなかった場合、甲銀行も、乙病院

も、遺産分割協議書とは異なり、配偶者のB子に対して2分の1、子のC男、D子に対して4分の1ずつ請求することができます。

(3)　内部的問題

　これらに対して、被相続人の債務をC男が承継する合意は、相続人の内部では有効ですので、遺産分割協議ではD子は債務を承継しないと合意したにもかかわらず、もし甲銀行や乙病院の請求に応じてD子が支払った場合、D子は、その支払った金額について、C男に対して「支払ったのはあなたの借金の立替え払いだから、返して」と請求することができます。これを「求償」といいます。

言葉の整理　　**遺産分割の方法**

共同相続	相続人が複数いる場合のこと
遺産分割	相続人が遺産を分けること
現物分割	遺産分割の方法として、遺産をそのまま各相続人が引き継ぐこと
代償分割	遺産分割のやり方として、相続分よりも多く相続する者がおカネを支払うこと
換価分割	遺産分割のやり方として、遺産を売っておカネに換えて、分けること

Q22　「相続させる」と書かれた遺言は遺産分割でどのような効力がありますか？

　私は父のひとり息子のＣ男です。父は「自宅は妻Ｂ子に相続させる。甲銀行の預金は長男Ｃ男に相続させる」と書いた遺言を残して亡くなりました。
　私はこの遺言だけで甲銀行の預金を相続できるのでしょうか？
　あるいは、この遺言に基づいて、母と遺産分割協議をする必要があるのでしょうか？

　「相続させる」と書いた遺言があれば、被相続人の死亡によって直ちにその遺産は、その相続人のものになります。
　したがって、父が亡くなったら、その遺言だけで、自宅は母のもの、甲銀行の預金はあなたのものになります。遺産分割協議をする必要はありません。

「相続させる」の意味をめぐる最高裁判決

　遺言に、相続人が引き継ぐべき遺産に関して、たとえば「自宅は妻、Ｂ子に相続させる。甲銀行の預金は長男Ｃ男に相続させる」と記載した場合、「相続させる」という言葉が何を意味するのか、どのような法律上の効果を生じるのか、争いがありました。
　この点、最高裁判決は、遺言に「相続させる」と書かれていた場合は遺産分割方法の指定（指定分割）であって、よって、他の共同相続人との遺産分割は不要で、被相続人の死亡によって直ちに「相続させる」と書かれた者に

その遺産は承継されると判断しています（最高裁判決平成 3 年 4 月19日）。

　したがって、「相続させる」と書かれていた遺言がある場合、遺産分割手続は必要なく、被相続人（今回の相談では父）の死亡とともに、自宅の所有権はB子、甲銀行の預金は相談者（C男）のものになります。それゆえに遺産が不動産の場合、相続登記は単独申請でき、他の相続人と共同で申請する必要がありません（最高裁判決平成 7 年 1 月24日）。今回の相談でいえば、B子は自分だけで所有権移転の登記手続が可能で、相談者の印鑑は不要です。

Q23　遺産分割協議がまとまらない場合、どうしたらよいですか？

　父が亡くなり、相続人は母と私です。ところが、母が何を、私が何を引き継ぐか、母との話し合いがまとまりません。

　どうしたらよいですか？

　遺言がなければ、まずは相続人が話し合います。

　話し合いで決まらない場合、家庭裁判所で、「調停委員」を交えて話し合います。これを「遺産分割調停」といいます。

　それでも決まらない場合は、家庭裁判所が決めます。これを「審判分割」といいます。

審判分割、遺産分割調停とは

　相続人の間で遺産分割の話し合いがまとまらない場合、相続人は、被相続人の住所を担当エリアとする家庭裁判所に遺産分割を求めることができます（民法907条2項、家事事件手続法191条1項）。これを「審判分割」といいます。

（民法907条）

2項　遺産の分割について、共同相続人間に協議が調わないとき、又は協議をすることができないときは、各共同相続人は、その全部又は一部の分割を家庭裁判所に請求することができる。〔以下略〕

　ただ、遺産分割に限らず家庭内のもめごとは、裁判で白黒をつけるよりも、話し合い（調停）で解決するほうが望ましいので、裁判（審判）の前に必ず調停（遺産分割調停）を行わなければならないというルールがあります（家事事件手続法257条1項）。これを「調停前置主義」といい、調停による遺産分割を「調停分割」といいます。遺産分割に関して、調停を経ずに、いきなり審判を申し立てたとしても、家庭裁判所が調停に回してしまいます（家事事件手続法257条2項）。

　したがって、相続人の間で遺産分割の話し合いがまとまらない場合、最初は家庭裁判所に遺産分割調停を申し立てることになります。

　遺産分割調停については、被相続人の住所を担当エリアとする家庭裁判所ではなくて、相手方の住所を担当エリアとする家庭裁判所に申し立てます（家事事件手続法245条1項）。今回の相談において、母と遺産分割の話し合いがまとまらないために、相談者が遺産分割調停を申し立てるのであれば、母の住所の家庭裁判所に申し立てる必要があります。

　なお、共有物を分割することに関して共有者間で協議が成立しない場合、地方裁判所に対して、共有物分割の裁判を起こすことができますが（民法258条1項）、共同相続の場合も、遺産分割が済むまで遺産は共有状態にあります（民法898条）。しかし、判例は遺産について、いきなり共有物分割の裁判を起こすことを認めません（最高裁判決昭和62年9月4日）。家庭裁判所の調停、審判で解決しなければなりません。

Q24 相続人の 1 人が認知症の場合、遺産分割をどのように行うのですか？

　父が亡くなりました。相続人は、母（配偶者）と、私（長男）と、妹の 3 人です。父の遺産分割に関して、私と妹の間に何ら争いはありませんが、母は認知症が進行し、もう私や妹のことさえ覚えていません。
　遺産分割をどのように進めたらよいでしょうか？

　母がすでに事理弁識能力（やってもよいことか悪いことか、それが損か得かを判断できる能力）を失っているのであれば、遺産分割の話し合いができません。その場合、家庭裁判所に申し立てて、母の代わりに遺産分割協議をする「成年後見人」を選任してもらう必要があります。

成年後見人とは

　認知症や知的障害、精神障害などの理由で判断能力が不十分な者については、自分に不利な契約であっても正しく判断できずに損をしてしまうことがあります。判断能力を失っていたならば、そもそも「合意」をすることは不可能です。
　そこで、家庭裁判所は本人のために成年後見人を選任し、成年後見人は本人の代わりに、契約などの財産管理を行います（民法 7 条、8 条、859 条 1 項）。

> （民法 7 条）
> 　精神上の障害により事理を弁識する能力を欠く常況にある者については、

　家庭裁判所は、本人、配偶者、四親等内の親族〔中略〕の請求により、後
　見開始の審判をすることができる。

　判断能力が不十分な者が相続人となり、遺産分割の意味や内容に関して理
解できない場合も成年後見人を選任し、その後、成年後見人が判断能力の不
十分な相続人に代わって遺産分割協議をします。
　判断能力を失っている者（今回の相談では母）と形だけの遺産分割協議書
を作成しても（たとえば、遺産分割協議書に何もわからない母の印鑑を勝手に押
したとしても）、その遺産分割は法律上無効です。

Q25 亡くなったら、遺産分割協議を経るまでは預金を引き出せないですか？

　父が亡くなりました。相続人は、母と、私と、妹の3人です。

　手元に現金がありません。葬儀費用として必要な金額だけ、すぐに父の預金から引き出したいのですが、可能でしょうか？

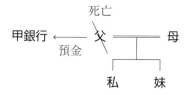

　相続人が配偶者と、子2人というケースであれば、子である「私」は、甲銀行の父の預金の12分の1（ただし、1つの金融機関から払戻しを受けることができる上限額は150万円）を他の相続人（母や妹）の了解を取らずに払戻しを受けることができます。

遺産分割前の預貯金払戻し（2018年改正のポイント）

　Q21で説明したように被相続人が亡くなると、預貯金も遺産として各共同相続人が共有することになり、相続人のうち誰か1人が単独で払戻しを受けるためには、自らがその預貯金を取得することを定めた遺産分割協議が必要ですが（最高裁決定平成28年12月19日）、共同相続人間に争いがあると、遺産分割協議が成立するまでに時間がかかることがあります。

　ところが、被相続人が亡くなると、直ちに病院への支払いや葬儀費用が必要になります。また被相続人の預貯金で生活していた配偶者であれば、遺産

分割協議が長引くと生活費に事欠くことになります。

　そこで、2018年改正相続法（民法）は、預貯金の３分の１に各相続人の法定相続分を乗じた額で、かつ、法務省令で定める上限額までは各相続人が単独で払戻しを受けることができるとの新しい条文を設けました（民法909条の２）。

（民法909条の２）

　各共同相続人は、遺産に属する預貯金債権のうち相続開始の時の債権額の３分の１に第900条及び第901条の規定により算定した当該共同相続人の相続分を乗じた額（標準的な当面の必要生計費、平均的な葬式の費用の額その他の事情を勘案して預貯金債権の債務者ごとに法務省令で定める額を限度とする。）については、単独でその権利を行使することができる。この場合において、当該権利の行使をした預貯金債権については、当該共同相続人が遺産の一部の分割によりこれを取得したものとみなす。

　そのうえで、法務省令は１金融機関あたりの払戻しの上限額を150万円と定めました。

<blockquote>

遺産分割前に、単独で引き出せる預貯金額
＝被相続人の預貯金×１／３×法定相続分
≦150万円

</blockquote>

　今回の相談においては、相続人は配偶者と子２人であり、子１人の法定相続分は４分の１です。したがって、子である「私」は、150万円を上限にして、甲銀行から父の預金の12分の１（１／３×１／４）までは単独で払戻しを受けることができるようになりました。

第7章

相続放棄

Q26　多額の借金でも相続するしかありませんか？

　夫が亡くなりました。夫はめぼしい財産は何一つ残しませんでしたが、多額の借金がありました。幼い子どもを抱えて、私には到底返済できません。
　どうすればよいでしょうか？

　家庭裁判所に行って、子とともに「相続放棄」の手続をしてください。ただし、夫が亡くなった日から 3 カ月以内に済ませる必要があります。

相続放棄とは

　被相続人の死亡によって、相続人は、被相続人の財産や一切の権利義務を承継します（民法896条）。したがって、すでにＱ 1 やＱ 11で説明したとおり、相続人は預貯金や不動産、株式などプラスの財産だけでなく、借金や保証債務などのマイナスの財産も引き継ぎます。

　しかし、今回の相談のように、突然、多額の借金を、その意思に関係なく、残された妻や子に背負わせることは酷なケースが少なくありません。債権者においても、被相続人の資力を見込んでおカネを貸したはずであり、被相続人以外の者からの回収を期待するべきではありません。

　あるいは、遺産がプラスの財産だけであったとしても、相続人の中には「自分は生前父から十分にしてもらったから、遺産は弟に継がせたい」と思う兄など、自らが遺産を受け取ることなく他の相続人に継がせたいと望むケースもあります。

　そこで、民法は、相続人に相続を強制するのではなく、相続人の意思によって、相続しなかったことにすることを認めています。これを「相続放棄」といいます。

　相続放棄があれば、「初めから相続人にならなかったもの」とみなされます（民法939条）。なお、Q15のコラムでも説明しましたが、法律用語で「みなす」というのは例外なくそのように取り扱うとの意味です。したがって、今回の相談においても、相続放棄の手続をすれば相談者や子はそもそも夫の相続人にならなかったことになり、夫の借金を引き継ぐこともありません。

　ザックリ言うと、
　　　借金を引き継ぎたくなかったら、
　　　3カ月以内に家庭裁判所へ行って、「相続放棄」する。
　　　「相続放棄」しても、
　　　生命保険金や死亡退職金を受け取ることはできる。

〔書式例〕　相続放棄申述書

<table>
<tr><td colspan="2">相続放棄申述書</td></tr>
<tr><td colspan="2" align="right">令和元年8月15日</td></tr>
<tr><td colspan="2">○○家庭裁判所　御中</td></tr>
<tr><td colspan="2" align="right">申述人　山田花子　㊞</td></tr>
<tr><td colspan="2">申述人の表示</td></tr>
<tr><td>本　籍</td><td>○○県○○市○○町○○番地</td></tr>
<tr><td>住　所</td><td>○○県○○市○○町○丁目○番○○号
電　話　○○-○○○○-○○○○
ＦＡＸ　○○-○○○○-○○○○</td></tr>
<tr><td>氏　名</td><td>山田花子</td></tr>
<tr><td>生年月日</td><td>昭和○○年○月○日生</td></tr>
</table>

職　　業	○○○
被相続人との関係	子

被相続人の表示	
本　　籍	○○県○○市○○町○○番地
最後の住所	○○県○○市○○町○丁目○番○号
氏　　名	鈴木一郎
死 亡 日	令和元年 6 月10日

申述の趣旨

　相続の放棄をする。

申述の理由

相続開始を知った日	令和元年 6 月10日 （被相続人死亡の当日）
放棄の理由	債務超過
相続財産の概要	土　地　　○○県○○市○○町○○番地 　　　　　宅地、230平方メートル 建　物　　○○県○○市○○町○○番地 　　　　　木造瓦葺き 2 階建 　　　　　居宅 　　　　　1 階　55平方メートル 　　　　　2 階　35平方メートル 預貯金　　みずほ銀行梅田支店 　　　　　普通預金　15万3500円 負　債　　○○ローン株式会社 　　　　　借入金　3500万円

添付書類

1	戸籍謄本	1 通
2	改製原戸籍	1 通
3	除籍謄本	1 通
4	住民票除票	1 通

※　被相続人との関係がわかるよう、戸籍謄本等を添付します。
※　収入印紙800円分が必要です。
※　郵便切手も提出しますが、家庭裁判所によって取扱いが異なりますので、その内訳は提出する際に窓口で尋ねてください。

相続放棄が可能な期間

　相続を放棄するためには、「自己のために相続の開始があったことを知った時」から３カ月以内に（民法915条１項）、家庭裁判所で相続を放棄すると申し出なければなりません（民法938条）。

> 民法915条
> １項　相続人は、自己のために相続の開始があったことを知った時から３箇月以内に、相続について、単純若しくは限定の承認又は放棄をしなければならない。〔以下略〕

> 民法938条
> 相続の放棄をしようとする者は、その旨を家庭裁判所に申述しなければならない。

　この３カ月間の放棄をするか、否かを決めるべき期間を「熟慮期間」といいます。熟慮期間が始まる「自己のために相続の開始があったことを知った時」とは、被相続人が死亡し、それによって自分が相続人になったことを知った時を指します（最高裁判決昭和59年４月27日、最高裁判決令和元年８月９日）。
　ところで、今回の相談では妻と子が相続人となりますが、Ｑ６、Ｑ７で説明したように、代襲相続人として、兄弟姉妹の子（おい、めい）が相続人になることもあります（民法889条２項）。兄弟姉妹の子であれば、被相続人の死亡がすぐに伝わらないこともあります。配偶者や子であっても、事情が

あって、離れて暮らしており、音信不通になっていたときも同様です。相続人は、被相続人の死亡を知らないと、相続放棄するか、否か、判断する機会がありません。民法が熟慮期間の始期について被相続人の死亡した時からではなく、「自己のために相続の開始があったことを知った時から」と規定しているのはこのためです。したがって、いわば当然のことですが、相続人が複数存在する場合、熟慮期間の 3 カ月間は各相続人ごとにカウントします（最高裁判決昭和51年 7 月 1 日）。

　もし 3 カ月以内に放棄するか決めることができない場合、家庭裁判所に対して、熟慮期間を延長してほしいと請求することができます（民法915条 1 項ただし書）。

　相続人が未成年者の場合や、成年後見人が就任している場合の熟慮期間は、親権者である父母（民法818条、819条）や、成年後見人が、未成年者や成年被後見人（本人）のために相続の開始があったことを知った時から 3 カ月間です（民法917条）。

▎世間でよくいわれる「相続放棄」とは ▎

　複数の相続人のうち、 1 人の相続人が遺産の大半を相続し、他の相続人は何も相続しない内容で「遺産分割協議書」が作成された場合、何も相続しない相続人について「相続を放棄した」と表現されることが多いです。Q21で〔書式例〕として示した遺産分割協議書でも「長女Ｄ子は何らの遺産も取得しない」と書かれています。

　しかし、ここにいう「相続放棄」は民法上の相続放棄ではありません。被相続人の借金を引き継ぐことのない、したがって、債権者からも請求されることもない、民法上の相続放棄のためには、必ず家庭裁判所に行き、「相続放棄申述書」を提出しなければなりません。

　家庭裁判所へ行くといっても、他の裁判と同様に、相続人本人が行かずに、弁護士に委任することも可能です。

　家庭裁判所は全国各地にありますが、それぞれの守備範囲が決まっていま

すので、どこの家庭裁判所に行っても構わないわけではありません。相続放棄のためには、被相続人の住所を担当エリアとしている家庭裁判所に行く必要があります（家事事件手続法201条1項）。

限定承認とは

相続放棄は100％、相続しない制度ですが、マイナスの財産（借金など）を、被相続人のプラスの財産の範囲でだけ責任を負うことも認められています。これを「限定承認」といいます（民法922条以下）。ただし、限定承認については共同相続人全員が揃って選択する必要があります（民法923条）。

単純承認とは

相続人が3カ月以内に相続放棄も、限定承認もしなかった場合、被相続人の権利義務を無制限に引き継ぎます（民法920条、921条2号）。これを「単純承認」といいます。

したがって、相続が発生したとき、相続人の選択肢としては、①単純承認、②相続放棄、③限定承認の3つがあり、3カ月以内に家庭裁判所で相続放棄か、限定承認の手続をとらなかったならば、単純承認をしたことになります（民法921条2号）。

あるいは被相続人が亡くなった後、相続人が遺産の一部を売却したり、隠したり、遺産のおカネを使った場合なども、単純承認したものとみなされます（民法921条1号・3号）。

ただし、これらの処分をした場合でも、相続人が被相続人の死亡を知らず、自らが相続人になったことを知らない場合は単純承認になりません（最高裁判決昭和42年4月27日）。

言葉の整理　相続人になった場合の選択肢

	意　味	どんなときに選択？
相続放棄	３カ月以内に家庭裁判所へ行って、相続しなかったことにすること	遺産は借金だけ、あるいはプラスの財産よりもマイナスの財産が多いとき
限定承認	３カ月以内に家庭裁判所へ行って、相続で引き継ぐプラスの財産の限度で、マイナスの財産も引き継ぐことにすること	プラスの財産が多いか、マイナスの財産が多いかわからないとき
単純承認	３カ月以内に相続放棄も、限定承認もせずに、あるいは遺産を売ったり、隠したために、無制限に被相続人の権利義務を引き継ぐこと	プラスの財産のみ、あるいは借金や保証債務などがあってもプラスの財産のほうが多いとき

Q27　死亡の３カ月後に多額の借金を知った場合、相続放棄できないですか？

　父が亡くなりましたが、私と父とは長い間音信不通でした。父は年金暮らしで、預金も不動産も何も残していなかったので、借金もないと思い込んでいました。したがって、父の死亡を知って３カ月以内に相続放棄をしませんでした。

　ところが、今になって、父は１億円を超える借金をしていたことがわかりました。

　今から相続放棄することはできないでしょうか？

　あなたが、亡父に借金がないと信じており、かつ、亡父との交際その他の状況から亡父には借金がないと信じたことについて相当な理由があるといえる場合、借金の存在を知った時から３カ月以内であれば相続放棄できます。

▌相続放棄期間の起算点▐

　Q26で説明したとおり、被相続人の借金を、相続人の意思に関係なく、相続人に背負わせてしまうのは酷なケースがあります。そこで、民法は、被相続人が死亡して、自分が相続人になった場合は、３カ月の熟慮期間内に被相続人のプラスの財産、マイナスの財産を調査し、認識したうえで、相続をそのまま受け入れるか、あるいは放棄するか、はたまた限定承認するかの選択権を相続人に与えています。

　ところが、相続人が、被相続人の死亡およびそれによって自らが相続人に

なったことを知っていたとしても、被相続人にはマイナスの財産がないと判断したために相続放棄しなかったにもかかわらず、3 カ月が経過した後に多額の負債が判明した場合、やはり相続人に多額の借金を背負わせてしまうのは酷です。

　そこで、最高裁判決も熟慮期間は相続人が被相続人の死亡によって自らが相続人になったことを知った時から起算することを原則とするものの、例外として、被相続人の死亡と自らが法定相続人になったことを知りながらも 3 カ月以内に限定承認や相続放棄しなかったのが、相続財産が全くないと信じたためであり、かつ、そう信じたことについて相当な理由がある場合には、相続人が相続財産を認識した時あるいは通常これを認識することができる時から起算するべきであると述べています（最高裁判決昭和59年 4 月27日）。

　したがって、今回の相談においても、相談者が被相続人（亡父）の借金を知らず、また知らなかったとしても、生前の被相続人との関係、交際その他の事情から考えて、それなりの理由がある場合には、借金を知った時から 3 カ月以内であれば、相続放棄が可能です。

Q28 先順位の相続人が相続放棄したら、後順位の相続人はどうなりますか？

　夫が多額の借金を残して亡くなったので、妻である私と子どもたちは相続放棄するつもりです。

　でも、私や子どもたちが相続放棄した場合、夫の父母や、夫の兄弟姉妹はどうなりますか？

　私たちが放棄した結果、夫の父母や、夫の兄弟姉妹に借金を押し付けることにはなりませんか？

　配偶者や子（第1順位の法定相続人）が相続放棄した場合、相続の放棄を望むのならば、引き続き、第2順位の直系尊属も、その後、第3順位の兄弟姉妹も相続放棄する必要があります。

　　ザックリ言うと、
　　　　配偶者や子が相続放棄したならば、
　　　　　後順位の相続人（父母や兄弟姉妹）に連絡して、
　　　　「相続放棄してください」と教えてあげないと、
　　　　借金を押し付けることになってしまう。

┃第2順位、第3順位の法定相続人の相続放棄┃

　Q5で説明したとおり、配偶者と子が第1順位の法定相続人ですが、配偶者と子が相続放棄して、「初めから相続人にならなかったもの」とみなされたならば（民法939条）、その結果、第2順位の法定相続人である直系尊属、すなわち被相続人の父母や祖父母が相続人になります。したがって、直系尊

属は被相続人の一切の権利義務を承継しますので（民法896条）、借金も引き継いでしまいます。それゆえに、直系尊属が被相続人の借金を引き継がないためには、配偶者や子（第１順位の法定相続人）の相続放棄が認められた後、直系尊属も家庭裁判所に行き、相続放棄の申述を行う必要があります（民法938条）。

　第２順位の法定相続人である直系尊属の相続放棄が認められたならば、次は、第３順位の法定相続人である兄弟姉妹が相続人になり、借金を引き継いでしまいます。したがって、兄弟姉妹も借金を引き継がないためには、直系尊属の相続放棄が認められた後、相続放棄の手続を行う必要があります。

　なお、Q26で説明したとおり、相続放棄は３カ月以内に行わなければなりませんが、第２順位の法定相続人である直系尊属においては、被相続人が死亡し、かつ、第１順位の法定相続人である配偶者や子がすべて相続放棄し、その結果、自分が相続人になったことを知った時から３カ月以内です。第３順位の法定相続人である兄弟姉妹においても同様です。被相続人が死亡したことと、第１順位の法定相続人である配偶者や子、第２順位の法定相続人である直系尊属ら全員が相続放棄して、その結果、自分が相続人になったことを知った時から３カ月以内です。

〈図表〉相続の順位

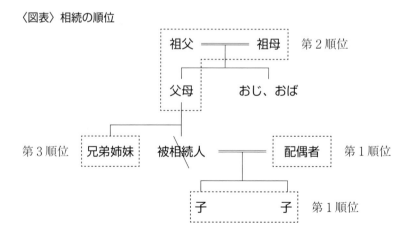

Q29 相続放棄した場合、生命保険金や退職金も受け取れないのですか？

　夫は、私たち家族のために生命保険に加入してくれていました。妻である私が受取人です。他方、夫は多額の借金を残して死去しましたので、私や子どもたちは相続放棄するつもりです。

　でも、相続放棄すると、生命保険金も受け取れないのでしょうか？

　いいえ、受取人があなたと定められているならば、あなたは相続放棄しても、生命保険金を受け取ることができます。

生命保険金は受け取れる

　Q13でも説明したとおり、生命保険金が生命保険契約に定められた保険金受取人（今回の相談では妻）に対して支払われるのは、保険会社と保険契約者（今回の相談では夫）との生命保険契約に基づいています。保険契約者が受け取った保険金が相続によって相続人に承継されるわけではありません。それゆえに、相続放棄した保険金受取人に対しても生命保険金は支払われます。

　なお、生命保険契約において特定の誰かを受取人として指定せずに、「相続人」と定めているケースもあります。この場合は、保険金請求権発生時の相続人（生命保険であれば、被保険者死亡時における被保険者の相続人）が保険金受取人となり（最高裁判決昭和40年2月2日）、相続人が複数存在する場合

は法定相続分に従って保険金を受け取ります（最高裁判決平成 6 年 7 月18
日）。やはり相続放棄した相続人にも生命保険金は支払われます。

死亡退職金は受け取れる

　生命保険金と同様に死亡退職金、すなわち従業員が在職中に死亡した場合
に勤務先から支払われる退職金も相続によってではなく、法律（国家公務員
退職手当法）や会社の就業規則を根拠に、法律あるいは就業規則が定めた受
取人に支払われます。したがって、生命保険金と同様に、受取人が相続放棄
しても支払われます。

Q30　生前に相続放棄できますか？

　私（Ａ男）には、妻Ｃ子と、先妻Ｂ子との間に生まれた
Ｄ子がいます。Ｄ子は金銭的に余裕のある家庭に嫁いで、
幸せに暮らしていますし、私はこれまでにも結婚の時や、
孫の進学の時などにＤ子へ十分な金銭的援助をしてきまし
た。

　私も高齢になりましたので、私が亡くなった後、遺産相
続でもめないように、そしてＣ子には私のほかに身寄りも
ありませんので、Ｄ子には相続を放棄してもらい、私の遺
産はすべてＣ子に相続させたいと思っています。Ｄ子に私
の気持ちを伝えましたところ、快く承諾してくれました。

　ついては、「承諾書」か「放棄書」か、書面を何か作成
しておけばよいのでしょうか？

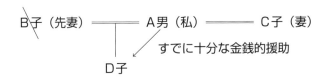

　Ｂ子（先妻）━━━━━━ Ａ男（私）━━━━━━ Ｃ子（妻）

　　　　　　　　　　　　　　すでに十分な金銭的援助

　　　　　　　　　Ｄ子

Ａ　被相続人の生前に、相続を放棄することはできません。
　したがって、仮に何か書面を作成しても、法律上は無効で、相続を放棄し
たことにはなりません。

生前の相続放棄の可否

　Q26で説明したとおり、相続放棄は「自己のために相続の開始を知った時から」 3 カ月以内に限って申し立てることができます。したがって、被相続人（今回の相談では相談者（Ａ男））の生前、すなわち「相続開始前」には相続放棄することはできません。その理由は、形式的には民法915条 1 項が「相続の開始があったことを知った時から 3 箇月以内」と規定しており、「相続開始」が過去形であること、また、実質的には、生前の放棄を認めてしまったならば、戦前の家督相続のように「跡継ぎ」（多くの場合は長男）へ単独相続させるために相続放棄が強要される可能性があり、均等相続へ移行した現行民法の趣旨に反するからです。

　したがって、相談者が生きている間にＤ子が相続を放棄することは認められません。

Q31 相続人のうち1人だけに相続させることはできないのですか？

　私（A男）は、すでに娘D子（先妻との子）には十分な金銭的援助もしており、私が亡くなった後の妻C子の生活を考えると、私の遺産はすべてC子に相続させたいと考えています。

　D子も了承してくれているのに、私としては何もできないのでしょうか？

　できることとすれば、遺言を書いておくくらいでしょうか？

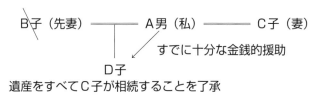

B子（先妻）━━━━━ A男（私）━━━━━ C子（妻）

　　　　　　　　　　　　　　　すでに十分な金銭的援助

　　　　　　D子
遺産をすべてC子が相続することを了承

　遺言を作成するとともに、D子に家庭裁判所で遺留分を放棄してもらったならば、遺産のすべてをC子に相続させることが可能になります。

生前にもできる遺留分の放棄

　被相続人が亡くなると、遺言があればそれに従って相続人が被相続人の財産を引き継ぎますが、第10章で説明するように配偶者や子、直系尊属には「最低保障」の相続分として、遺留分があります。

　ただ、この遺留分に関しては、相続放棄とは異なり、被相続人の生前で
あっても、家庭裁判所の許可を受けたならば、放棄することが可能です（民
法1049条１項）。今回の相談のように推定相続人（たとえば、夫が死亡したとき
の妻や子のように、相続人になることが予定されている者）が了承してくれてい
るのであれば、その推定相続人が家庭裁判所へ「遺留分の放棄許可」を申し
立てて、あらかじめ遺留分を放棄したならば、誰か１人に「全財産を相続さ
せる」という遺言を残したとしても、被相続人の死亡後、その遺言の効力が
否定されることはありません。

　それでは、どこの家庭裁判所に「遺留分の放棄許可」を申し立てるかとい
うと、被相続人（今回の相談では相談者（Ａ男））の住所を担当エリアとする
家庭裁判所です（家事事件手続法216条１項２号）。

　したがって、Ｑ30、および今回の相談のケースで相談者の希望を叶える手
段を整理すると、①相談者の生前にＤ子は相続を放棄できないので、②相談
者は「私の遺産はすべて妻Ｃ子に相続させる」との遺言を作成するととも
に、③相談者の生前にＤ子が家庭裁判所へ「遺留分の放棄許可」を申し立て
たならば、希望どおり相談者の全財産をＣ子に相続させることが可能になり
ます。

第8章

遺　言

Q32 遺言の方法にはルールがあるのですか？

　私たち夫婦には子どもがいません。妻には私のほか、身寄りもありません。

　私の父母や祖父母はすでに亡くなっていますが、私には弟が1人います。

　私も高齢になりましたので、私が亡くなった後、妻と弟が相続でもめないように、遺言しようと思いますが、遺言をするには、どうしたらよいのですか？

　テレビや映画では枕元に集まった相続人らに口頭で言い渡していますが、あのような感じでよいのでしょうか？

　必ず、「遺言」という書面を作成する必要があります。

　しかも、その方式には厳格なルールがあります。

　口頭で言い残しても、法律上は遺言と認められません。

遺言作成には厳格なルールが定められている

　Q1やQ21でも説明したとおり、人が亡くなったとき、遺言がなければ民法が定めた法定相続人たちが、民法の定めた割合、すなわち法定相続分に応じて財産を引き継ぎますが（民法886条以下、900条以下）、遺言があればそれに従って、その人の財産が引き継がれます（民法902条、908条、964条）。

　今回の相談のケースでは法定相続人は、妻と弟で（民法889条１項２号、890条）、法定相続分は妻が４分の３で、弟が４分の１です（民法900条３号）。

　しかし、Q44で説明するように兄弟姉妹には遺留分はありませんので（民法1042条１項）、遺言を残せば、全財産を妻に相続させることが可能になります。

　ただし、テレビや映画のように、臨終に際して口頭で何か言い残したとしても、法律上は遺言とは扱われません。民法が定める方式（作り方）で遺言という「書面」を残しておく必要があります。

　しかも、民法は遺言作成方法について厳格なルールを定めています。たとえ遺言を作成した人（「遺言者」といいます）の真意が間違いなく記載されていたとしても、民法が定めた方式を守っていなければ、その遺言は無効になってしまいます（民法960条）。

（民法960条）
　遺言は、この法律に定める方法に従わなければ、することができない。

　というのも、遺言が効力を生じて、そこに書かれたとおり権利義務が変動するのは、遺言者の死後です。したがって、遺言の内容に疑問があって、遺言者にその真意や内容を問いただすことはできません。また「死人に口なし」ですから、遺言を偽造したり、書き換えようとする不心得者も現れかねません。それゆえに、民法は遺言の方式に厳格なルールを定めて、遺言の趣旨を明確にするとともに、不正を防止しようとしています。

Q33　遺言はどのような場合に有用ですか？

　どのようなケースで遺言を作成したほうがよいでしょうか？

　たとえば、次のようなケースが考えられます。

① 　誰か 1 人に全財産を相続させたい。

② 　相続人がもめないように、遺産の分け方を決めておきたい。

③ 　内縁の妻にも財産を残したい。

④ 　身の回りの世話をしてくれた者に何か残してあげたい。

⑤ 　公益団体や母校に寄付したい。

⑥ 　事業を引き継いでくれる子に事業用の資産を引き継ぎたい。

遺言が役に立つケース

(1)　全財産を誰か 1 人に相続させたい場合

　Q44で説明するとおり、相続人が配偶者と兄弟姉妹の場合、兄弟姉妹には遺留分がありませんので（民法1042条 1 項）、遺言を作成すれば、兄弟姉妹には何も相続させずに、すべてを配偶者に相続させることが可能になります。

(2)　相続人がもめないようにしたい場合

　Q21で説明したとおり、遺言がなければ、遺産をどのように分けるかは、相続人が協議して決めます（民法907条 1 項）。

　ところが、その協議が「骨肉の争い」や「争族」となってしまい、遺産分

割調停や審判に至ることはしばしばです。

　しかし、生前に、誰に、何を相続させるかを決めておくこともできます。民法908条は「被相続人は、遺言で、遺産分割の方法を定め……ることができる」と規定しています。これを「指定分割」といいます。この場合、相続人は遺言の定めに従うしかありませんので、遺言が各共同相続人の遺留分を侵害していなかったならば、もめる余地がありません。

(3)　内縁の妻にも財産を残したい場合

　Q8で説明したとおり、内縁の妻には相続権がありません。したがって、内縁の妻の内助の功に報いたい場合、遺言を作成する必要があります。

(4)　法定相続人以外にも財産を残したい場合

　年老いて、身体が不自由になったとき、身の回りの世話をしてくれたのは、忙しく働く息子ではなく、遠くに嫁いだ娘でもなく、息子の妻だった、ということはよく耳にします。

　ところが、Q5やQ18でも説明したとおり、息子の妻は法定相続人ではありませんので、遺言がなければ何も残してあげられません。しかし、遺言を作成すれば、何か特定の財産を遺贈することが可能です。

　あるいは事業を興した時に苦労を共にしてくれた従業員に対して、自分の死後にも感謝の形を残したい場合も、遺言で何かを遺贈することが可能です。

(5)　社会貢献のために寄付したい場合

　公益法人や母校、あるいは信仰する宗教団体に寄付をして、社会貢献したいと思う方は多いです。ただ、自分の寿命がいつまで続くかわからないので、生前に大きな財産を寄付して、その後、思った以上に長生きできた場合、自分自身の生活に困る場合もあります。

　しかし、自分が天寿を全うした後、残った財産を公益法人等に寄付するのであれば、自分の生活に支障を来すことはありません。この場合も、公益法

人や母校、宗教団体等は法定相続人ではありませんので、遺言で、どの団体
には何を遺贈すると書いておく必要があります。

(6)　事業を引き継いでくれる子に事業用の資産を引き継ぎたい場合

　Q45の事例のように自らの事業を承継してくれる者（いわゆる「跡継ぎ」）
にその事業に必要な財産（たとえば、店舗や工場、自社株など）を相続させた
い場合、遺言によって、跡継ぎが事業用の資産を相続し、その他の相続人は
それ以外の遺産を相続すると決めておくことが可能です。

Q34 自分で作成する遺言はどう作ればよいですか？

遺言はパソコンで作っても構いませんか？

遺言をパソコンで作った場合は無効です。
ただし、財産目録はパソコンで作ることができます。

遺言の種類

遺言には、普通方式と特別方式があります。特別方式というのは、伝染病で隔離された者や、船が遭難して死にそうな場合など特殊なケースを想定しています。

普通方式でよく利用されているのは、自筆証書遺言と、公正証書遺言です。公正証書遺言とは、公証役場で公証人に作ってもらう遺言です。詳しくはQ36で説明します。

自筆証書遺言は簡単に作成できる？

自筆証書遺言は、最も簡単に作成できる遺言です。遺言者が、その全文と、作成した日付、自分の名前を自書して、捺印します（民法968条1項）。

> （民法968条）
>
> 1項　自筆証書によって遺言をするには、遺言者が、その全文、日付及び氏名を自書し、これに印を押さなければならない。

　したがって、今回の相談のようにパソコンで打った遺言は、民法の定める「その全文、日付及び氏名を自書し」というルールに違反していますので、無効になります。自筆証書遺言の場合、この後で説明するように財産目録以外は、全文を自分で手書きする必要があります。

財産目録は自筆不要（2018年改正のポイント）

　自筆証書遺言は全文を自書しなければなりませんが、2018年改正相続法（民法）はその自書しなければならない部分を緩和し、遺言に遺産の目録を添付する場合、その目録は自筆でなくても、すべてのページに遺言者が署名、捺印すれば足りることにしました（民法968条2項）。

　すなわち、遺言者が多数の不動産や預貯金を有している場合、どの不動産を誰に相続させるか、どの預貯金を誰に相続させるか、正確に特定するためには、たとえば「妻B子には別紙物件目録1記載の不動産及び別紙金融資産目録1記載の預貯金を相続させる」、「長女C子には別紙物件目録2記載の不動産及び別紙金融資産目録2記載の預貯金を相続させる」などと本文に記載したうえで、遺産目録として、〔書式例〕のようなものを添付しています。

〔書式例〕不動産目録

不動産目録

1　土　地
　　①　所　　在　　○○市○○町３丁目
　　　　地　　番　　34番１
　　　　地　　目　　宅地
　　　　地　　積　　220.56平方メートル
　　②　所　　在　　○○市○○町
　　　　地　　番　　503番２
　　　　地　　目　　畑
　　　　地　　積　　370.51平方メートル
　　建　物
　　　　所　　在　　○○市○○町３丁目34番地１
　　　　家屋番号　　34番１
　　　　種　　類　　居宅
　　　　構　　造　　木造瓦葺２階建
　　　　床面積　　　１階130.86平方メートル
　　　　　　　　　　２階127.24平方メートル
2　土　地
　　　　所　　在　　○○市○○町１丁目
　　　　地　　番　　22番１
　　　　地　　目　　宅地
　　　　地　　積　　230平方メートル
　　建　物
　　　　所　　在　　○○市○○町１丁目22番地１
　　　　家屋番号　　22番１
　　　　種　　類　　居宅
　　　　構　　造　　木造瓦葺平家建
　　　　床面積　　　１階150平方メートル

金融資産目録

1　①　金融機関　　Ａ銀行Ｂ支店
　　　種　　類　　定期預金
　　　残　　高　　750万円

　　②　金融機関　　Ａ銀行Ｂ支店
　　　種　　類　　普通預金
　　　残　　高　　100万円

```
2　①　金融機関　　Ｃ銀行Ｄ支店
　　　種　　類　　定期預金
　　　残　　高　　1000万円
```

　しかし、高齢者がこれら目録をすべて手書きする際の負担は軽くありません。そこで、改正相続法は「相続財産の全部又は一部の目録」については「自書することを要しない」と定めました（民法968条2項）。民法は目録に関して特段の方式を指定していませんので、目録は遺言者本人がパソコンを使って作成しても構いませんし、別の人が作成したものを使っても、不動産の登記事項証明書（登記簿謄本）や預貯金通帳のコピーを添付しても構いません。

　ただし、遺言者は目録の全ページに署名、捺印する必要があります（民法968条2項2文）。

Q35 自筆証書遺言はおすすめの方法ですか？

　相続問題を長年、数多く手がけてきた弁護士さんに尋ねたいのですが、遺言を作成するのであれば、やはり簡単に作ることができる自筆証書遺言がおすすめでしょうか？

　いいえ、私が遺言の作成を依頼された場合、例外なく、公正証書遺言を作成しています。

　自筆証書遺言はリスクが大きいです。

▎自筆証書遺言のデメリット▎

　自筆証書遺言は全文と、日付と、名前を自書し、捺印するだけですから、作成すること自体は簡単かもしれません。しかし、自分で書いて残しておくだけで、自分の死後、間違いなく見つけてもらえるのでしょうか。

　誰かに預けておいたとしても、その遺言書によって不利益を受ける者と共謀して（たとえば、Q32の事例における弟）、遺言が破り捨てられたり、隠されたり、偽造されるおそれもあります。さらには、遺言は、遺産や身分に関して権利義務を決める文書ですが、その際、どのような文言を使い、どのように表現したらよいかは、なかなか難しいことです。Q22で遺言に「相続させる」と書かれていた場合、この言葉が法律上どのように解釈されるかを説明しましたが、実は「相続させる」の意味について、かつては東京高等裁判所の判決と法務局での取扱いが異なり、Q22で紹介した最高裁判決が出るまで実務が混乱していました。そもそも最高裁判決があるということは、当事

〈図表〉公正証書遺言と自筆証書遺言の比較

	公正証書遺言	自筆証書遺言
内　容	証人２人が立ち会い、公証役場で、公証人が作る遺言	遺言者本人が全文と日付、氏名を手書きして、印鑑を押して作る遺言
長　所	①　公証人（多くは元裁判官や検察官）が作成するので、作成ミスの可能性がほぼない。 ②　紛失したり、偽造・変造されることがない。 ③　遺言者の死後、家庭裁判所へ提出して、「検認」を受ける必要がない。	①　誰にも知られずに、コッソリ作成できる（その代わり短所①） ②　公証人手数料が不要（その代わり短所②〜④）
短　所	公証人の手数料がかかる。	①　死後、発見されない可能性がある。また隠されたり、偽造・変造される危険がある。 ②　法律の要件を満たさずに、無効になる危険がある。 ③　表現が不明確であったり、正確でなかったために、死後、遺言の趣旨について争いになることがある。 ④　家庭裁判所の検認が必要（法務局に預けていた場合は不要）

者が最高裁判所の判断が出るまで長い時間争ったということですし、今も有力な学者がこの最高裁判決に反対しています。このように意図したとおりの権利義務が発生するように日本語を使うことは弁護士や裁判官など「プロ」も悩みます。もしも遺言の文意が不明確であれば、その遺言は無効になってしまいます。

　あるいは自分の死後、遺産分割でもめないようにと願って遺言を残したにもかかわらず、その遺言が相続人のうちの誰かの遺留分を侵害していたなら

ば、遺留分をめぐってもめることになります。

　加えて、さして面倒でもありませんが、自筆証書遺言の場合、遺言を発見した人あるいは保管していた人は、遺言者の死後、遺言を家庭裁判所へ提出して、「検認」という手続を受けなければなりませんが（民法1004条1項）、公正証書遺言であれば、検認も不要です（民法1004条2項）。もっとも、2018年改正相続法（民法）と同時に成立した「法務局における遺言書の保管等に関する法律」によって、自筆証書遺言であっても法務局に預けていた場合、検認手続は不要です（法務局における遺言書の保管等に関する法律11条）。

　それゆえに、「遺言を作りたいのですが」と依頼を受けた場合、私が自筆証書遺言の作成をすすめることはありません。少し費用がかかりますが、「公正証書遺言」をおすすめしています。

　　ザックリ言うと、
　　　　自筆証書遺言は、タダだけども、危険。
　　　　公正証書遺言は、少しおカネがかかるけど、安全。

コラム　かばん屋の相続

　池井戸潤さんは、私も大好きな作家です。半沢直樹が主人公の『オレたちバブル入行組』や『オレたち花のバブル組』、『銀翼のイカロス』、『ロスジェネの逆襲』や『下町ロケット』、『空飛ぶタイヤ』など、どれも、これも痛快な内容です。

　その池井戸さんがあの京都のかばん屋の相続争いをモチーフにして『かばん屋の相続』（文春文庫）という短編小説を書いています。この小説中で、創業者（父）は、かばん屋を手伝っていた、かばん職人の次男ではなく、銀行に勤めていた長男に自社株をすべて相続させていますが、その根拠になったのが父の「遺言状」です。

　ところが、この「遺言状」は長男が「連れてきた弁護士」が、父の「病床で遺言の内容を聞き取って」、「ワープロを打って」、創業者は「署名」しています。

　しかし、Q34で説明したとおり、弁護士がワープロを打ったものならばこの創業者の「遺言状」は自筆証書遺言としては無効です。公証人がかかわっていないので、公正証書遺言でも、秘密証書遺言（民法970条）でもありません。3人以上の証人も登場しませんし、家庭裁判所へ行ったともありませんので、死亡危急者遺言（民法976条）でもなさそうです。

　そうすると、池井戸潤さんほどの大作家に対して失礼この上ありませんが、『かばん屋の相続』における創業者の「遺言状」も法律上はいかがでしょうか。

Q36 公正証書遺言はどう作ればよいですか？

　それでは、公正証書遺言を作るにはどうしたらよいですか？

A
公証役場へ行きます。

　もっとも、いきなり公証役場へ行くのではなく、あらかじめ弁護士と、どのような内容の遺言を作りたいか相談して、弁護士に資料を集めてもらい、文案も用意してもらい、遺留分の侵害がないかの計算もしてもらって、一緒に行くことをおすすめします。

┃ 公正証書遺言の作り方とメリット ┃

　「公正証書遺言」というのは、遺言者が公証役場へ行って、２人以上の証人の立ち会いの下で、公証人に遺言の内容を伝え、公証人が遺言者の口述を書き記して作る遺言です。公証人は書き記した遺言の内容を遺言者と証人に読み聞かせたうえで、遺言者と証人が遺言に署名、捺印します（民法969条）。

　公正証書遺言は、証人に遺言の内容を知られてしまいますが、原本は公証役場で保管されますので、偽造の危険もありません（遺言を作成した後、遺言者には公正証書遺言の正本や謄本が交付されます）。法律の専門家である公証人が作成に関与しますので、その作成方式が民法に違反して、無効になる可能性もほぼありません。また公正証書遺言は、遺言者の死後、家庭裁判所で検認手続を受ける必要もありません（民法1004条２項）。

　さらに遺言執行者を決めて、その遺言執行者に公正証書遺言の正本か、謄

本を預けておいたならば、遺言者の死後、遺言が発見されなかったり、遺言
どおりに遺産が相続されないこともほぼありません。

▌公正証書遺言作成の費用 ▌

　「公証人」というのは、裁判官や、検察官、法務局の職員を退職した人た
ちから選任される国家公務員です。国家公務員ですが、国から給料をもらわ
ずに、独立採算制です。したがって、公正証書を作ってもらう際には手数料
を支払わなければなりませんが、遺産の額が1000万円で約 3 万円、5000万円
で約 4 万円です。遺産が多いと公証人へ支払う手数料も高額になってしまい
ます。

　遺言者が病気等のために公証役場に行くことができず、公証人に出張して
もらう場合、手数料は1.5倍に加算されるとともに、交通費（実費）と、日
当（ 1 日 2 万円、 4 時間までなら 1 万円）が必要になります。

　公証人の手数料について詳しくは日本公証人連合会のウェブサイト
〈www.koshonin.gr.jp〉を参照してください。

　また、あらかじめ弁護士に相談して、弁護士に資料を集めてもらい、文案
を用意してもらった場合、弁護士の手数料は15万円から20万円ほどです。

Q37　遺言できる事項は何ですか？

遺言には何を書いてもよいのですか？

遺言に書いて、法律上の効果が発生する事項は法律で決まっています。

遺言に書くと法律上の効果が発生する事項──遺言事項

遺言で子らに対して「自分の死後、兄弟姉妹は助け合って、仲よく暮らせ」と書き残すこともできます。

ただ、実際に必ず仲良く暮らすかは子ら次第です。遺言が兄弟姉妹の良好な人間関係を強制する力はありません。しかし、次の事項に関しては遺言に書き残しておくと、それだけで、遺言者の死後、遺言の記載どおりに法律上の効果が生じます。

第1グループ──相続の法定原則の変更

①　相続人の廃除、取消し（民法893条、894条2項）

相続人の「廃除」というのは、被相続人が死亡したならば、被相続人の相続人になるであろう者（たとえば、夫が亡くなった場合の妻や子）を、被相続人の意思で相続人から除外（相続人としての立場を剥奪）してしまう制度です。

何の理由もないのに除外することはできません。ⓐ相続人になるであろう者（Q31で説明したように推定相続人といいます）が被相続人を虐待した場合や重大な侮辱をした場合、ⓑ相続人になるであろう者に著しい非行があった

場合、被相続人は、家庭裁判所に対して、その者を相続人から除外するよう請求することができます（民法892条）。この請求は、被相続人の生前、被相続人自ら請求することもできますが、遺言で書き残すこともできます。遺言に書き残した場合は、遺言の効力が発生した時、すでに被相続人は死亡していますので、被相続人に代わって、遺言執行者が家庭裁判所に請求します（民法893条）。

　なお、遺言執行者に関してはＱ38で説明します。

　また相続人の廃除とよく似た制度に「相続人の欠格事由」があります。これに関してはＱ40で説明します。

②　相続分の指定（民法902条）

　被相続人は、法定相続分とは異なる割合を定めることもできます。民法902条１項は「被相続人は、前２条の規定〔法定相続分に関する規程——筆者注記〕にかかわらず、遺言で、共同相続人の相続分を定め……ることができる」と規定しています。これを「指定相続分」といいます。配偶者と子が相続人の場合、法定相続分は配偶者が２分の１、子も２分の１ですが、たとえば、その割合を、遺言で、配偶者が３分の２、子は３分の１に変更することができます。

　ただし、遺言者が指定相続分を定めた場合、内部的には相続人は債務に関してもその割合で相続しますが、Ｑ21で説明した債務に関する遺産分割協議と同様に、対外的に債権者をその指定相続分で拘束することはできません。2018年改正相続法においても「被相続人が相続開始の時において有した債務の債権者は、前条の規定による相続分の指定〔遺言による相続分の指定——筆者注記〕がされた場合であっても、各共同相続人に対し、第900条及び第901条の規定により算定した相続分に応じてその権利を行使することができる」と明文を置き、確認しています（民法902条の２）。

③　遺産分割方法の指定、遺産分割の禁止（民法908条）

遺言によって法定相続を変更できることはQ33で、遺産分割の方法を定めることができることはQ21、Q22で説明したとおりです。

④ 特別受益の持ち戻しの免除（民法903条3項）

Q14で説明したとおり、相続人のうち被相続人から贈与を受ける等特別の利益を得た者がいたら、その者は相続にあたって特別の利益を差し引かれますが（民法903条1項）、被相続人は、その意思表示によって差し引くことを免除することができます。（民法903条3項）。したがって、たとえば父が長女の結婚に際して100万円を贈与したけれど、遺産分割において長女がその相続分から100万円を差し引かれてしまうことを免除してやりたいのならば、遺言に記載しておく必要があります。ただし、Q14で説明したとおり、生前贈与に関しては遺言以外の方法でも構いません。

⑤ 遺産分割における担保責任の免除（民法914条）

たとえば、Aが亡くなり、遺産は自宅と、預金3000万円、投資信託3000万円だったとします。相続人はAの子のB、C、Dの3人で、自宅を時価3000万円と評価したうえで、Bは自宅を、Cは預金を、Dは投資信託を取得しました。ところが、Bが相続した自宅は欠陥住宅で時価2000万円にすぎなかった場合、BはCとDに対して、それぞれ「500万円を支払ってよ」と請求することができます。これを「担保責任」といいますが、Aが遺言で「各相続人は担保責任を請求できない」と書いておくと、BはC、Dに対して担保責任を請求できません。

⑥ 配偶者居住権の設定（民法1028条1項2号）

ザックリ言うと、夫が亡くなった後も、妻が夫と暮らした自宅にずっと住み続けることができる権利を「配偶者居住権」といいます。詳しくは第9章で説明しますが、遺言で、妻に配偶者居住権を残すことができます。

┃第 2 グループ──相続以外の財産処分┃

⑦　遺贈（民法964条）

　遺贈とは、遺言によって被相続人の財産を与える行為をいいます。贈与（民法549条）によく似ています。もっとも、贈与は贈る者ともらう者との契約（両者の合意）ですが、遺贈は契約ではありません。遺言者が一方的に遺言に書き込めば、もらう者の意思に関係なく効力が発生します。したがって、遺贈によってもらう者（受遺者といいます）は、いつでも遺贈を放棄することができます（民法986条 1 項）。

⑧　財団法人の設立（一般社団法人及び一般財団法人に関する法律152条 2 項）

　ノーベルは、その死後に「ノーベル賞」を創設するため、自分の遺産でノーベル財団を設立するよう遺言を残しました。

　人や会社とは独立して、権利義務の主体となる特定の財産を財団法人といいます。財団法人は、生前に財産を拠出して設立することも可能ですが、ノーベルのように遺言で自らの遺産の中から財団法人を設立するよう書き残すこともできます。

⑨　信託（信託法 3 条 2 号）

　信託とは、財産を何かの目的のために、誰か（受託者）に管理、運用を任せる制度です。生前に信託契約によることも可能ですが、遺言でも管理、運用を任せることができます。

┃第 3 グループ──身分行為┃

⑩　認知（民法781条 2 項）

　結婚している夫婦の間から生まれた子（嫡出子といいます）は、生まれた時からその父母の子です（民法772条）。

これに対して、結婚していない男女の間に生まれた子（非摘出子）に関しては、母と子の親子関係は分娩によって生じ、認知を必要としませんが（最高裁判決昭和37年4月27日）、父と子の親子関係については、父がその子を認知することで発生します（民法779条）。認知は父が生前に行うことが普通ですが、遺言で行うこともできます（民法781条2項）。

⑪　未成年者後見人、後見監督人の指定（民法839条1項、848条）

父母は未成年者の「親権者」です（民法818条1項）。父母が離婚する場合、どちらか一方が親権者になります（民法819条1項、2項）。

ところが、父母が両方とも亡くなった場合（父母が離婚した場合は、親権者と定められた者が亡くなった場合）、親権者がいなくなってしまいますので、代わりに「未成年後見人」が選任されますが、自分が亡くなって親権者がいなくなった場合に誰を未成年後見人にするのか、親権者は遺言で指定をすることができます（民法839条1項）。

未成年後見人がきちんと役割を果たしているか監督する者を「未成年後見監督人」といいます。親権者は遺言で、未成年後見人だけでなく、未成年後見監督人も指定することができます（民法848条）。

第4グループ──遺言執行（⑫遺言執行者の指定（民法1006条1項））

遺言を実行するよう遺言者から指名された者を「遺言執行者」といいます。遺言で遺言執行者を指名することが可能です。なお、詳しくはQ38で説明します。

第5グループ──祭祀の承継（⑬祭祀の主宰者の指定（民法897条1項ただし書））

すでにQ13で説明したとおり、被相続人の財産に関しては、被相続人が亡くなると、遺言あるいは法定相続分に従って分割されますが、先祖の墓や仏壇などを配偶者や子らがバラバラに引き継ぐことはできません。「跡継ぎ」

と呼ばれる人が単独で引き継ぐことが多いと思いますが、墓や仏壇などを引き継ぎ、お参りを続ける人を民法は「祖先の祭祀を主宰する者」と呼んでいます。誰が「祖先の祭祀を承継する者」かは「慣例」によって決まりますが、遺言で誰かを指定しておくと、その指定が優先します（民法897条１項）。

　　ザックリ言うと、
　　　遺言で定めることができるのは、
　　　　１　法定相続の変更（①、②、③、④、⑤、⑦）
　　　　２　配偶者居住権の設定（⑥）
　　　　３　財団法人の設定（⑧）
　　　　４　信託（⑨）
　　　　５　認知（⑩）
　　　　６　未成年者後見人・後見監督人の指定（⑪）
　　　　７　遺言執行者の指定（⑫）
　　　　８　お墓や仏壇を引き継ぐ者を指定（⑬）

Q38 遺言が必ず実現されるための方法はありませんか？――遺言執行者

遺言を作成したとしても、残された者たちは、自分たちだけで預金を解約したり、不動産や株式の名義を書き換えたりするなど、遺言のとおりに遺産を分けることができるでしょうか？

遺言が必ず実行されるために何かよい方法はありませんか？

遺言の中で「遺言執行者」を決めておくとよいでしょう。

遺言執行者がいると、相続人といえども遺産に手出しできません。

遺言執行者には、預金を解約して相続人へ支払ったり、不動産や株式の名義を被相続人から相続人へ書き換えるなど遺言の内容を実現するために必要な一切の権限が与えられます。

▌遺言執行者とは▌

遺言者が亡くなった後、たとえば銀行預金を解約して相続人が受け取ったり、遺言者の不動産や株式の名義を相続人へ変更する等の手続が必要になりますが、遺言の内容を実現するために必要な手続を行うよう遺言者から指名された者を「遺言執行者」といいます。遺言者が指名していなかったり、あるいは指名を受けた者が遺言者よりも先に亡くなったりして、遺言執行者がいない場合、利害関係者の請求があれば、家庭裁判所が遺言執行者を選任します（民法1010条）。

遺言執行者の権限

　遺言執行者は、相続財産の管理をはじめ遺言の内容を実現するために必要な一切の行為を行う権利を有するとともに、義務を負います（民法1012条1項）。

（民法1012条）

1項　遺言執行者は、遺言の内容を実現するため、相続財産の管理その他遺言の執行に必要な一切の行為をする権利義務を有する。

2項　遺言執行者がある場合には、遺贈の履行は、遺言執行者のみが行うことができる。

　遺言執行者がいる場合、相続人は遺言内容の実現を妨げる行為を行うことができず、もし行っても無効です（民法1013条1項・2項）。

（民法1013条）

1項　遺言執行者がある場合には、相続人は、相続財産の処分その他遺言の執行を妨げるべき行為をすることができない。

2項　前項の規定に違反してした行為は、無効とする。ただし、これをもって善意の第三者に対抗することができない。

　したがって、遺言を作成するに際しては、あわせて遺言執行者を、できれば弁護士を指名しておくと、遺言者が亡くなった後、確実に遺言の内容を実現することができます。

Q39 遺言を撤回し、作り直すことはできるのですか？

　私は10年前、全財産を妻に相続させると遺言を作成しましたが、その直後に妻は病気で寝たきりになってしまい、それからは長男の嫁が私や妻の身の回りの世話や介護をしてくれています。

　そこで、10年前の遺言は取り消して、新たに遺言を作り、私の死後、長男の嫁にも何か残してあげたいのですが、そのようなことはできるのでしょうか。

　遺言はいつでも撤回し、あらためて作り直すことができます。

遺言は撤回することができる

　いったん、その意思に基づいて遺言が作成されたとしても、今回の相談のように事情が変わってしまうこともあります。また、遺言者の気が変わってしまうこともあります。そのような場合、遺言者は、いつでも、以前作成した遺言を撤回することができます（民法1022条）。

> （民法1022条）
> 　遺言者は、いつでも、遺言の方式に従って、その遺言の全部又は一部を撤回することができる。

　遺言を作成した後、再度、遺言を作成することも可能です。その場合、後

の遺言で前の遺言を撤回することも可能です。あるいは、前の遺言を撤回し
ていなかったとしても、前の遺言と、後の遺言とが抵触している場合（たと
えば、遺言者の自宅について、前の遺言ではＡに、後の遺言ではＢに相続させる
と書かれている場合）、後の遺言で前の遺言の抵触する部分は撤回したとみな
されて、後の遺言が有効になります（民法1023条１項）。

民法1023条

１項　前の遺言が後の遺言と抵触するときは、その抵触する部分について
は、後の遺言で前の遺言を撤回したものとみなす。

　遺言は、あくまでも遺言者の「最終意思」を実現するためのものです。し
たがって、遺贈を受ける者が要求して、「この遺言は絶対に撤回しない」と
書かれてあったとしても、遺言者は、その遺言を撤回し、新たな遺言を作成
することができます（民法1026条）。

民法1026条

　遺言者は、その遺言を撤回する権利を放棄することができない。

Q40 遺言を発見した場合、どうすればよいですか？

亡父が残した遺言を発見しました。
私はどうしたらよいですか？

自筆証書遺言であれば、速やかに家庭裁判所へ提出して、検認手続を受ける必要があります。

遺言執行者が決められていたら、直ちに遺言執行者に連絡して、後の処理は遺言執行者に任せてください。

もしも遺言を隠したり、書き換えたりすると、何も相続できなくなります。

検認、遺言執行者への連絡

自筆証書遺言に関しては家庭裁判所の検認手続が必要なこと、公正証書遺言であれば検認手続は不要なことは、Q36で説明したとおりです。

またQ38で説明したとおり、遺言執行者がいたならば、相続人は勝手に遺産を処分することもできません。遺言執行者が遺言の内容を実行してくれますので、遺言執行者へ被相続人の死亡を伝えてください。

一切相続できなくなる場合──欠格事由

被相続人が残した遺言が自分に不利だったり、気に入らなかったりしたとしても、その遺言を隠したり、中身を書き換えたりしてしまうと、一切相続できなくなってしまいます。これを「相続人の欠格事由」といいます。

民法891条は、①被相続人や、先順位、同順位の相続人を殺害し、あるい

は殺害しようとして刑罰を受けた者や、②被相続人が殺害されたことを知って告訴、告発をしなかった者、③欺したり、脅したりして、被相続人に遺言を作成させたり、撤回、取り消し、変更させた者、④欺したり、脅したりして、被相続人の遺言の作成や、撤回、取消し、変更を妨害した者、⑤遺言を偽造したり、破棄したり、隠したりするなどした者については「相続人になることができない」と定めています。

【民法891条】

　次に掲げる者は、相続人になることができない。

　　　〔中略〕

五　相続に関する被相続人の遺言を偽造し、変造し、破棄し、又は隠匿した者

　Q37で説明した「廃除」とは異なり、家庭裁判所での手続は不要です。上記①〜⑤の行為によって直ちに相続人から除外されます。

第9章

配偶者居住権

Q41 妻は夫の死後も住み慣れた家で暮らし続けることができますか？

　A男は、時価3000万円の自宅と、2000万円の預貯金を残して亡くなりました。A男には妻B子と、子のC男がいます。

　B子は自宅に住み続けることができますか？

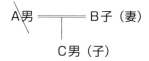

```
A男の遺産
  自宅      3000万円
  預貯金    2000万円
```

　2018年に相続法（民法）が改正される前、B子が自宅に住み続けるためには、自宅を相続する代わりにC男に500万円を支払うか、住まわせてもらうための合意をC男より別途得ておく必要がありました。

　改正相続法によって配偶者居住権が創設されたので、B子は自宅を相続しない場合でも住み続けることができるようになり、預貯金も相続できるようになりました。

もし法定相続分どおりなら？

　配偶者居住権を説明する前提として、今回の相談のケースにおいて、A男が遺言を作成しておらず、B子とC男が法定相続分どおりに相続する場合を説明します。

　A男が遺言を作成せずに死亡した場合、Q5、Q9で説明したとおりB子

とＣ男がＡ男の遺産を２分の１ずつ相続します（民法887条１項、890条、900条１号）。そうすると、Ｂ子が住み慣れた自宅に暮らし続けたいと思って、自宅の相続を希望する場合、自宅の価額はＡ男の遺産総額の２分の１を超えていますので、Ｂ子は預貯金は１円も相続できず、むしろＣ男に対して、代償金として500万円を支払わなければなりませんでした。

　またＢ子が何とか500万円を工面して、自宅を取得したとしても、預貯金は全額Ｃ男が取得しますので、Ｂ子としては今後の生活費が心配です。

配偶者居住権の創設（2018年改正のポイント）

　しかし、Ｑ３でも説明したとおり、高齢化によって、多くの場合、相続が発生した時にはすでに配偶者も高齢に達していますが、高齢者が新たに住居を購入あるいは賃借することや、新しい環境に順応することは決して容易ではありません。

　他方、高齢化によって相続時の子の年齢も上昇しており、すでに経済的にも独立している場合が多く、よって、子の生活よりも配偶者の保護を考える必要があります。

　そこで、改正相続法は「配偶者居住権」という新しい権利を創設しました。

　配偶者居住権というのは、被相続人（今回の相談では夫Ａ夫）が亡くなった時、被相続人の配偶者（今回の相談では妻Ｂ子）が被相続人の有する建物に居住したときは、そのまま無償で、終生住み続けることができる権利をいいます（民法1028条以下）。

> (民法1028条)
> １項　被相続人の配偶者（以下この章において単に「配偶者」という。）は、被相続人の財産に属した建物に相続開始の時に居住していた場合において、次の各号のいずれかに該当するときは、その居住していた建物（以下この節において「居住建物」という。）の全部について無償で使用及び収益をする権利（以下この章において「配偶者居住権」という。）を取得する。

〔中略〕

一　遺産分割によって配偶者居住権を取得するものとされたとき。

二　配偶者居住権が遺贈の目的とされたとき。

　配偶者居住権は所有権そのものではなく、住むだけの権利です。したがって、所有権よりも価格が低くなります。仮に今回の相談において配偶者居住権の価額を1000万円、配偶者居住権の負担付き所有権を2000万円だとすると、Ｃ男は自宅の所有権と預金500万円を相続し、他方、Ｂ子は配偶者住居権に加えて預貯金を1500万円相続することができて、住む場所も、老後の生活費も確保できます。

　なお、詳しくはＱ42で説明しますが、配偶者居住権について遺贈を受けていることなどが必要です。

　　　ザックリ言うと、
　　　　　配偶者居住権とは、
　　　　　　夫の死後、妻がタダで自宅に住み続ける権利
　　　　　妻に配偶者居住権を残すためには、
　　　　　　遺言を残す。

Q42 妻が夫の死後も住み慣れた家で暮らすには何をする必要がありますか？

　私（A男）はB子と結婚し、C男に恵まれましたが、B子は若くして他界したので、その後、D子と再婚しました。D子も再婚で、前夫との間にE子がいます。

　C男はすでに結婚して、独立しましたが、私も高齢になりましたので、私が亡くなった後、D子の暮らしが心配です。

　そこで、私が亡くなった後も、D子には今の自宅にそのまま暮らし続けることができるようにしてあげたいのですが、この自宅は私が先祖代々から引き継いだものなので、D子が亡くなった後は、E子ではなく、C男に継がせたいと思っています。

　何かよい方法はないでしょうか？

```
┌──────────────────────┐
│ A男の遺産            │       B子（先妻）━━━ A男（私）━━━ D子 ━━━ 前夫
│   自宅　  3000万円    │            │                  │
│   預貯金　2000万円    │           C男                 E子
└──────────────────────┘
```

　A　自宅の所有権はC男、配偶者居住権はD子に遺贈すると記載された遺言を残しておくと、あなたが亡くなった後もD子は自宅にタダで住み続けることができますが、D子が亡くなった後はE子が自宅を相続することはありません。

第9章　配偶者居住権

配偶者居住権が認められるためには

　配偶者居住権は、①配偶者が被相続人が亡くなった時、被相続人の所有する建物に住んでおり、かつ、②次の@〜ⓓのいずれかで設定された場合に成立します（民法1028条1項、1029条）。

　ⓐ　遺産分割協議

　　　たとえば、A男の死亡後、自宅の所有権はC男、配偶者居住権はD子とする遺産分割協議が成立した場合。

　ⓑ　遺　贈

　　　たとえば、A男が「配偶者居住権をD子に遺贈する」と書いた遺言を作成していた場合。

　ⓒ　死因贈与

　　　たとえば、A男とD子との間で、A男の死後、D子に配偶者居住権を与える契約が結ばれていた場合。

　ⓓ　審　判

　　　たとえば、遺産分割の審判において、家庭裁判所がD子の配偶者居住権を認めた場合。

　これらの場合、D子は配偶者居住権を取得して、終生、賃料を支払うこともなく自宅に住み続けることができますが、D子が亡くなった後は、C男が完全な所有者として自宅を承継することになります。

　これに対して、配偶者居住権がなければ（2018年改正相続法（民法）施行前は）、D子を自宅に住み続けさせたいと思ったら、遺言に「自宅をD子に相続させる」と書いておくしかありませんでした。その場合、D子が亡くなると、D子の子のE子が相続することになり、A男の子のC男は自宅を相続できません。

　ところが、配偶者居住権であれば、D子が死亡したら配偶者居住権も消滅し、相続の対象にはなりません（民法1036条、597条3項）。また、D子は配偶者居住権を誰かに第三者譲渡することもできません（民法1032条2項）。

132

Q43 物件の買主に対しても配偶者居住権を主張することはできますか？

　私（Ｄ子）は、夫Ａ男の死後、配偶者居住権に基づいて、Ａ男が残してくれた自宅で暮らしています。

　自宅の所有権は、Ａ男と先妻の間に生まれたＣ男が相続していますが、私とＣ男とは折り合いが悪いので、自宅をＣ男が誰か第三者に売ってしまわないか、第三者が自宅を購入したら私は自宅から出て行かなければならないのではないか、心配です。どうすればよいでしょうか？

　配偶者居住権を登記してください。そうすれば、仮にＣ男が所有権を第三者に売却しても、ずっとタダで住み続けることができます。

配偶者居住権は登記しないと買主に主張できない

　相談者（Ｄ子）が賃借権に基づいて居住しているのであれば、相談者は賃借権を登記しなくても、自宅の引渡しを受けているだけで（自宅に住んでいるだけで）、自宅を購入した第三者に対しても賃借権を主張することができます（借地借家法31条）。

　しかし、配偶者居住権に関しては引渡しを受けているだけではダメです。登記が必要です。配偶者居住権を登記しておけば、Ｃ男が第三者に所有権を売却しても、相談者は引き続き、終生無償で居住し続けることができます（民法1031条２項、605条）。

第10章

遺留分

Q44　全財産を 1 人に相続させる遺言があるとき相続人らは何もできないですか？

　夫が亡くなり、「全財産を愛人に贈与する」と書かれた遺言が出てきました。

　このような遺言がある以上、妻である私も、子らも一切相続できないのですか？

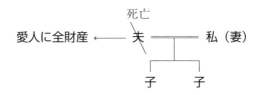

　いいえ、妻や子には相続において「遺留分（いりゅうぶん）」があります。

　相続人が、妻と、子が 2 人というケースでは、最低でも、妻は夫の遺産の 4 分の 1、子らは 8 分の 1 ずつを相続することができます。

遺留分とは

　生前、自分の財産を処分することは自由です。したがって、死後の処分も自由にしてよいのかもしれませんが、今回の相談のような勝手気ままな遺言で、長年連れ添い、夫の財産形成にも協力した妻や子が全く財産を相続できず、生活が困窮するようではあまりに気の毒です。

　そこで、民法は遺留分という制度を設けて、妻や、子、直系尊属（父母や祖父母）が相続人になる場合は、生前贈与があっても、遺言が残されていて

も、これらの者に一定割合は相続する権利を認めています（民法1042条以下）。つまり遺留分というのは、被相続人の意思によって奪うことができない相続分です。相続人の側からいうと、妻や子、直系尊属の「最低保障」です。

（民法1042条）

1項　兄弟姉妹以外の相続人は、遺留分として、次条第1項に規定する遺留分を算定するための財産の価額に、次の各号に掲げる区分に応じてそれぞれ当該各号に定める割合を乗じた額を受ける。

一　直系尊属のみが相続人である場合　3分の1

二　前号に掲げる場合以外の場合　2分の1

　ただし、Q7で説明したとおり、子や直系尊属がいない場合、兄弟姉妹が相続人になりますが（民法889条1項2号）、兄弟姉妹には遺留分はありません（民法1042条1項）。

　なお、詳しくはQ46で説明しますが、相続開始および遺留分の侵害を知った時から1年以内に権利を行使する必要があります。

　　ザックリ言うと、
　　　遺留分とは、相続人の「最低保障」。
　　　請求できる金額は、妻や子なら法定相続分の半分。
　　　ただし、1年以内に権利を行使する必要があります。

How much 遺留分？

　遺留分は、被相続人の死亡時点での財産に贈与（生前贈与と、遺言による贈与＝遺贈）した財産を加え、債務を差し引いた後の価額（以下、これを「遺産総額」といいます）に対する〈図表〉の割合です（民法1042条1項、1043条1項）。ただし、生前贈与に関しては、原則として被相続人が死亡する前の1

年間のものだけを加算します（民法1044条1項）。

〈図表〉遺留分の割合

相続人	遺留分の割合
配偶者、子	1／2
直系尊属（父母、祖父母）	1／3

　したがって、今回の相談のように妻が遺留分を主張する場合は、夫の遺産総額の2分の1が遺留分であり、妻の法定相続分も2分の1ですから（民法900条1号）、妻の「最低保障」は夫の遺産の4分の1です。

　今回の相談のように相続人が妻と子2人というケースでは、子1人の法定相続分は4分の1ですから（民法887条1項、第900条1号・4号）、子2人も遺産総額の8分の1ずつは相続することができます。

Q45 遺留分を請求された場合、どのような対応をすればよいですか？

　A男はカバン屋を経営していました。A男の長男C男は東京の大学を卒業して銀行員になり、そのまま東京で就職して暮らしています。A男の長女D子は高校を卒業した後、A男のカバン屋を手伝ってきました。A男の妻B子はすでに亡くなっており、A男所有の自宅兼店舗に、A男と、D子が同居しています。

　A男は自分の亡き後、D子にカバン屋を継がせたいと考え、自宅兼店舗をD子に、預貯金はC男に相続させる公正証書遺言を作成していました。A男が死去し、その際に残した財産は、

　　　自宅兼店舗　5000万円
　　　預貯金　　　1000万円

でした。

　C男がD子に対して、遺留分を請求したものの、D子に支払うおカネがなかったらD子は自宅兼店舗を引き渡すか、あるいは売却しておカネを分けるしかありませんか？

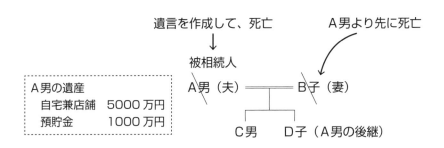

遺言を作成して、死亡
↓
被相続人

A男より先に死亡

A男（夫）＝＝＝B子（妻）

┌─────┴─────┐
C男　　　D子（A男の後継）

A男の遺産
　自宅兼店舗　5000万円
　預貯金　　　1000万円

　2018年改正相続法（民法）においては、遺留分侵害額請求権を行使しても、金銭を請求できるだけになりました。したがって、Ｃ男は、Ｄ子に対して、自宅兼店舗の引渡しや共有を請求できなくなりました。

遺留分減殺請求（従前の制度）

　今回の相談においてＡ男の遺産総額は6000万円です。したがって、子であるＣ男、Ｄ子には1500万円（遺産総額×法定相続分１／２×遺留分割合１／２）の遺留分があります。

　ところが、Ｃ男が相続する預貯金は1000万円ですから、遺留分を下回っています。

　そこで、2018年改正前の相続法では、Ｃ男がＤ子に対して「遺留分減殺請求権」を行使すると、Ａ男の公正証書遺言が一部無効になり、その結果、自宅兼店舗はＣ男とＤ子の共有になり（形成権と呼ばれる一方的に権利義務を変更する性質の権利）。最高裁判決昭和41年７月14日）、Ｃ男とＤ子が自宅兼店舗の共有状態を解消するためには共有物分割請求訴訟を提起する必要がありました（最高裁判決平成８年１月26日）。

　しかし、今回の相談のケースのようにＡ男は自分の事業を円滑に承継させるためにカバン屋に使用する自宅兼店舗をＤ子に相続させようとしたにもかかわらず、共有になってしまうと、Ｄ子は、Ｃ男の了解がなければ自宅兼店舗に抵当権を設定することもできません。その結果、Ａ男からＤ子への円滑な事業承継も損なわれてしまいます。

遺留分侵害額請求権（2018年改正のポイント）

　そこで、2018年改正相続法においては、遺留分を侵害された者（今回の相談ではＣ男）については、遺留分に関する権利を行使した場合には金銭債権だけが生じることに変更しました（民法1046条１項）。

> （民法1046条）
> 1項　遺留分権利者及びその承継人は、受遺者〔中略〕又は受贈者に対し、
> 　遺留分侵害額に相当する金銭の支払を請求することができる。

　したがって、Ｄ子が遺留分侵害額を支払わない場合、Ｃ男は、Ｄ子を被告にして、遺留分侵害額、つまりおカネを支払えとの裁判を地方裁判所に提訴することができますが（今回の相談の場合なら500万円）、共有や現物（遺産）の引渡しを請求することはできません。

時効──２つの時効に注意

(1)　遺留分侵害額請求権の時効

　Ｃ男は、遺留分侵害額請求権をこれまでと同様に「相続開始」、すなわちＡ男の死亡と、「遺留分を侵害する贈与又は遺贈があったこと」、すなわちＡ男の遺言の内容を知った時から１年以内に行使しなければなりません（民法1048条前段）。

> （民法1048条）
> 　遺留分侵害額の請求権は、遺留分権利者が、相続の開始及び遺留分を侵害する贈与又は遺贈があったことを知った時から１年間行使しないときは、時効によって消滅する。相続開始の時から10年を経過したときも、同様とする。

　遺言について知らなくても、Ａ男の死亡を知った後10年が過ぎると、遺留分侵害額請求権を行使することができなくなります（民法1048条後段）。特に裁判を起こしたりなどの形式は要求されていませんが（最高裁判決昭和41年7月14日）、１年以内に行使したことの証拠を残しておかなければなりません。配達証明書付きの内容証明郵便で「遺留分侵害額請求通知書」を発送し

ておくとよいでしょう。

⑵　金銭債権の時効

　さらにこれまでとは異なり、遺留分侵害額請求権を行使した結果、C男が取得したのは金銭債権です。

　そうすると、遺留分侵害額請求権の消滅時効とは別に、金銭債権の消滅時効に注意しなければなりません。消滅時効の期間は、2020年3月31日までに発生した債権に関しては10年間（2017年改正前民法167条1項、2017年改正法の附則10条4項）、2020年4月1日以降に発生した債権に関しては原則5年間です（民法166条1項1号）。

Q46 遺留分をすぐには支払えない場合、どうすればよいですか？

　私（D子）は兄C男から遺留分侵害額を支払え、と裁判を起こされました。

　私は、父A男からカバン屋を引き継ぐために、父の自宅兼店舗を相続しましたので、兄の遺留分を侵害していることはわかっています。

　しかし、父の預貯金はすべて兄が相続し、私はおカネを一切相続していません。したがって、今すぐ兄に支払うべきおカネを用意できません。

　どうしたらよいでしょうか？

裁判所に請求すれば、支払いの猶予が認められます。

期限の付与（2018年改正のポイント）

　今回の相談のような事例で、遺留分侵害額を支払うよう請求を受けた相談者（D子）が直ちにおカネを用意するのは大変です。そこで、2018年改正相続法（民法）においては、遺贈を受けたり、贈与を受けた者（Q45、また今回の相談では相談者）が遺留分侵害額を支払う負担が過大にならないよう、これらの者からの請求に基づいて、裁判所は、その債務の全部あるいは一部について「相当の期限を許与することができる」と定めました（民法1047条5項）。

著者紹介

前川　清成（まえかわ　きよしげ）

〈略歴〉

1987年　司法試験合格（司法修習42期）

1990年　弁護士登録

2004年　参議院議員当選（奈良県選挙区）

2010年　参議院議員再選

2012年　内閣府副大臣、復興副大臣

〈主な著書〉

・『カードトラブルハンドブック』〔澤井裕関西大学教授らと共著〕（1991年・全国クレジット・サラ金問題対策協議会）

・『裁判ウォッチング』〔中坊公平弁護士らと共著〕（1992年・裁判を傍聴する会）

・『Q＆Aカード破産解決法』〔木村達也弁護士らと共著〕（1992年・花伝社）

・『消費者被害救済の上手な対処法』〔木村達也弁護士らと共著〕（1993年・民事法研究会）

・『書式　個人破産・手形小切手訴訟の実務』〔木村達也弁護士らと共著〕（1995年・民事法研究会）

・『個人債務者再生手続実務解説Q＆A』〔宇都宮健児弁護士らと共著〕（2001年・青林書院）

・『書式　個人再生の実務〔全訂3版〕』〔小松陽一郎弁護士らと共著〕（2005年・民事法研究会）

〈事務所〉

〒630-8115

奈良市大宮町 1 丁目12番 8 号

弁護士法人前川清成法律事務所

電　話　0742-33-1121

ＦＡＸ　0742-33-1151

ここが知りたい！　Q&A相続入門

2020年11月16日　第1刷発行

定価　本体1,400円＋税

著　　　者　前川　清成

発　　　行　株式会社民事法研究会

印　　　刷　藤原印刷株式会社

発 行 所　株式会社　民事法研究会

〒151-0073　東京都渋谷区恵比寿 3 - 7 -16

〔営業〕TEL03(5798)7257　FAX03(5798)7258

〔編集〕TEL03(5798)7277　FAX03(5798)7278

http://www.minjiho.com/　info@minjiho.com

■2017年改正民法を踏まえ、保証をめぐるトラブル事例とその解決策をわかりやすく解説!

【トラブル相談シリーズ】

保証のトラブル相談
Q&A
改正民法対応
―基礎知識から具体的解決策まで―

新潟県弁護士会　編

A5判・241頁・定価　本体 2,800円＋税

▷▷▷▷▷▷▷▷▷▷▷▷▷▷▷ **本書の特色と狙い** ◁◁◁◁◁◁◁◁◁◁◁◁◁◁◁

▶ 保証契約を締結するうえでの注意点や保証契約を締結してから生ずる債権者や主債務者とのさまざまなトラブル、保証人同士のトラブルなどへの対処法について、事例に即して、保証人保護の立場からわかりやすく解説!

▶ 2017年民法改正で新設された保証意思宣明公正証書はもちろん、消滅時効、錯誤などの改正内容にも完全対応!

▶ 最新の法改正や判例、金融庁監督指針や経営者保証ガイドラインなどの実務にも言及!

▶ 資料には、保証人の属性、保証の種類等ごとに民法の保証人保護規定をわかりやすく整理した表を掲載しており、実務においても至便!

❖❖❖❖❖❖❖❖❖❖❖❖ **本書の主要内容** ❖❖❖❖❖❖❖❖❖❖❖❖

第1章　保証契約をめぐる基礎知識

第2章　保証契約の成立・有効性をめぐるトラブル

第3章　信用情報をめぐるトラブル

第4章　主債務の範囲をめぐるトラブル(根保証含む)

第5章　履行状況をめぐるトラブル

第6章　保証人の弁済・求償をめぐるトラブル

第7章　救済に向けた相談・法的手続

資　料　保証人保護の方策の適用関係(民法)

発行 Ⓢ 民事法研究会

〒150-0013　東京都渋谷区恵比寿3-7-16
(営業) TEL. 03-5798-7257　FAX. 03-5798-7258
http://www.minjiho.com/　info@minjiho.com